全国小学生校园美文精品集萃

邮寄我的童梦时光

《语文报》编写组 编

时代文艺出版社

图书在版编目（CIP）数据

邮寄我的童梦时光／《语文报》编写组编．—长春：时代文艺出版社，2018.8（2023.6重印）

（"七色阳光小少年"全国小学生校园美文精品集萃丛书）

ISBN 978-7-5387-5628-9

Ⅰ．①邮… Ⅱ．①语… Ⅲ．①作文－小学－选集 Ⅳ．①H194.4

中国版本图书馆CIP数据核字（2018）第114678号

出 品 人　陈　琛
产品总监　郭力家
责任编辑　李荣銎
装帧设计　孙　利
排版制作　隋淑凤

邮寄我的童梦时光

《语文报》编写组　编

出版发行／时代文艺出版社

地址／长春市福祉大路5788号　龙腾国际大厦A座15层　邮编／130118

总编办／0431-81629751　发行部／0431-81629758

官方微博／weibo.com／tlapress

印刷／北京一鑫印务有限责任公司

开本／700mm×980mm　1／16　字数／153千字　印张／11

版次／2018年8月第1版　印次／2023年6月第5次印刷　定价／34.80元

图书如有印装错误　请寄回印厂调换

编 委 会

目 录

001

淡淡的日子也飘香

呵护我们的美丽

翩翩芒花爱相随

美丽的蜡烛会唱歌

换一个角度寻找快乐

听到花开的声音

草木有本心

　　栀子花芬芳自然而不张扬，却依然沁人心脾，正如作家丁立梅所言，"这就是栀子花，香不惊人死不休的"。栀子花在炎炎夏日里顶着阳光，却丝毫不受阳光的影响，纵然在芬芳的花季也仍然保持这那份原有的平淡与素养。

书中自有美食

季禹汐

耳读书而聪，目读书而明。我想说我读书胃口好。

说起来很神奇，但经我亲自试验，我的挑食毛病是书给治好的。

小时候最讨厌吃白煮鸡蛋，觉得难以下咽，当时我是很痛苦的。鸡蛋有那么多种做法，为什么非要连壳煮呢？后来，一本《追风筝的人》改变了我的口味，书中有一段很简单的描述：主人公和父亲去野餐，他们坐在蓝蓝的湖边，吹着风，聊着天，吃着夹腌黄瓜和肉丸的饼，还有水煮蛋。不知道为什么，在读到这一段的时候，我想象着主人公对着湖水，手里拿着一颗煮鸡蛋，一边吃一边聊天的情景，忽然觉得很馋。于是，我爱吃白煮蛋了。

上个学期，我不吃辣椒，那种又苦又辣的滋味使人不想碰它。让我"洗心革面"的，是一本诗集，书里写道："青枝绿叶果儿长，辛辣甘甜任人尝。红装虽艳性刚直，亭亭玉立斗艳阳。"读到这一段的时候，我才明白辣椒不仅长得诱人，气度也非凡，是不可多得的上品。于是，从这学期起，我开始好上了辣椒。

妈妈在教我《世说新语》的时候有一段这样写的，驸马王济曾经傲慢地问大才子陆机，江南有什么东西，可以和我这儿的羊酪相比？陆机淡淡地回答，千里莼羹。当我生平第一次在苏州园林见到它的时

候，我激动不已：自己居然见到了中国历史上最文艺的蔬菜——细腻而爽口，柔韧而鲜美。当这样一碗传说中的莼羹摆在我面前时，怎能不让我激动呢？

读书，还会让普通的菜变得美味，比如说我三年级、四年级读完的四大名著里就有这样的菜肴。《红楼梦》里的"酸笋鸡皮汤"，《西游记》里的"醋浇白煮萝卜"，《水浒传》里的"三分加辣点红白鱼汤"，说白了都是街边小店能做的东西，但书上美美地写过了，你吃起来总会觉得更鲜美一些。就连平时喝一点最简单的凉水冲蜂蜜，一想起《三国演义》里袁术临死前还喝不上，就有一种幸福感油然而生。

读书亦品食，耐得人细细品赏。

金色童年·浓郁书香

骆　瑶

童年如那朝气蓬勃、积极向上的金色向日葵，如同一个玲珑精细的记忆匣保留着每一位孩子的金色时光；

我和其他孩子一样，拥有一个完美、快乐的童年。我从向日葵中取下了一颗果实，敲开了小小的它，昔日的欢乐记忆的画面尽显眼前。

小时候的我文文静静，很少像其他小朋友一样玩耍，陪伴我最多的还是我的知心朋友——书本。

从朦胧的记事时期开始，记得第一本书是《格林童话》，因为年龄太小，许多字都认不全。我会每天晚上靠在妈妈怀里听她为我讲里面的故事。故事的情节曲折唯美。小小的我虽理解的不太透彻，但也有所领悟，可以说是似懂非懂。它看似只是一本童话书，却给予我很多启迪，让我对人生有了初步的了解。《格林童话》如一把钥匙开启了我对书的向往。

随着年龄的增长，也已然成为一名少年，但对书本的执着追求仍没有改变过，也了解了更多的书，向更宽广的海洋游去。

长大了了解到世界有许多名著，孔子的《春秋》、笛福的《鲁宾孙漂流记》、马克·吐温的《汤姆·索亚历险记》等等。

所有书中，我最喜爱的还是五年级读到的那凄凉的《红楼梦》。为了能看懂，妈妈还在网上下载了电视剧给我看，当然也是似懂非懂啦，但是记忆深刻的是那些女孩子——大观园里的金陵十二钗，令我回味无穷。林黛玉多愁善感却满腹经纶，使人不得不举大拇指呢。薛宝钗为人和善也是我学习的典范。王熙凤、史湘云、贾家四姐妹、李纨、秦可卿、妙玉、贾巧儿……都是才华横溢的女孩子。

书——我的知己，散发着浓郁书香，香气弥漫在我的天空。

金色的童年，美好的梦想，永恒的知己，浓郁的书香。

我与书结缘

卢庆洋

　　我与书结缘，无论在哪一世，我与他携手都发生了一场永远抹不去的事实。

　　当我小学三年级的时候，老师布置了一篇不过二百字左右的文章而已，我想了一夜，最终理不出头绪，但为了应付老师，我抄了一篇别人写的文章。事后，老师表扬了我，可是内心却很难过。我恨自己无能，不过我再三思过，向老师认错，老师送了我一席话，告诉我读书的重要性。

　　于是我决定好好读书，我与书真正的结缘，早在第一次接触《论语》吧，小时候我就和你在一起了。当我第一次懵懵懂懂背诵你的时候，我就喜欢上了你。知道了世事不能与你分离。孔子的文章当时读起来深奥难懂，于是哥哥便一字一句地教给了我，耐心地向我解释，经过了几个月的理解，学会了人生的第一本书。书是活水，只有不断注入，我的思想源泉才能甘甜可口。也就是现在一直养成了读书的好习惯。老师曾经告诉我，事实上，每一个成功的人士背后都有千万本书支持他。这一次的经历让我感觉好像经历过无数次的花开花落，但是我不曾忘记是书改变了我。古人云："书中自有黄金屋，书中自有颜如玉。"我知道了书的重要性，书教会了我做人处事的方圆。

草木有本心

我欠自己一句："黑发不知勤学早，白首方悔读书时。"正是错过了，痛过了，走过了，才让人生变得更有意义。如果我认定生命排第一，那书无疑是第二个心脏。我无法改变时间，但是我可以用有限的生命投入无限的书海里……

今生我与书结缘……

站在兔毛的顶端

蒋与璠

那是一个个鲜红的叉，犹如烙铁印在我的心上。

这个不是我再熟悉不过的习题吗？为什么却总是这样的"一错再错"？为什么我就没看到那细微的数字的变化？我无法原谅自己，扔掉试卷，默默地走到书柜前。

一缕阳光透过树梢，穿过窗户，倾泻进了书房，将一片金亮洒在书柜上。我的手指漫无目的地划过一本本书，最后，目光锁定在她身上久久不能移开——《苏菲的世界》。她裹着一层鲜绿的外衣，那是生命的颜色。我轻轻地翻开了她……

看着看着，一句独特的话语映入我的眼帘——"我们生活的世界就像是一个魔术师从帽子里变出的兔子，一般人生活在兔毛深处，什么也看不到……"这只兔子毛皮的深处温暖又安适，许多人随着年龄的增长，也就越来越深入兔子毛皮的深处，并在那里安心待了下来，周而复始，单调无趣。对一切都习以为常，使我们已经丢掉了那颗最初的好奇心。

是呀！试卷上那些一错再错的熟悉不过的习题，正是因为我始终躲在兔毛深处在看它们，它们看似一成不变，却都有着小小的变化，而我，却视而不见。我需要攀到兔毛的顶端去，仔细观察它们细微的变化，感受每道习题给我带来的挑战，不断向看似不变的一切提出质疑。想到这里，我信心满满地坐回了书桌前……

只有敢于追求的人，才会拼命地攀向脆弱的兔毛顶端，去看清这世界的全貌。

感谢书籍！因为有你，我可以感悟生活；因为阅读，我可以平观世界。

因阅读而厚重

王若舟

她，一个慧黠的女子。

读她的散文，像诗，又似图画，还有如小说一般的构思，形成了多元的美感。她说，"每个人的心中都有一个角落是留给族人的，而这个角落，连爱情也填它不满。"源于她有一年带孩子去了日本旅行，途中买了一件衬衫，上面带有两个大字："一番。"她一开始不解，后来遇见了一个同女友来到中国的日本男孩，才知道"一番"的意思，是指"第一"。

于是，她从男孩落寞的表情中看出了一个在异国他乡的游子，对亲人、家园的思念。她留心观察着身边的每一件事，思考着，探索着。对每件事都有自己独特的感悟，体会到"生命中的寂寞"，寂寞里的生命意义。于是，一件小小的衬衫里蕴含着家国情怀的深度。

这是张晓风和她的散文集《我有一个梦》。

我在读完这本书后，原本焦躁的心如一池碧水般宁静，那似不疾不徐的文字，跳跃在我的心头，荡起点点涟漪；我眼前，仿佛还重现着书中午后橘色的太阳，暖暖的阳光环绕着我……也因为这本书，我爱上了阅读。

阅读书里典雅而纯净的文字，阅读书里不被我们重视过的小故事，阅读平凡里的美好，阅读出生命中的五彩世界，原来值得我如此去咀嚼。

因为阅读，渐渐地，我的生命变得厚重而深刻了。

008

因为那本书

尹礼悦

一本书，可以让你感受世界的丰富。

那本书是路遥先生的《平凡的世界》。记得我曾经的书，都是被迫买的，基本都是老师要求的名著，而这本《平凡的世界》是我真正意义上的"第一本书"。

刚开始看的时候，我便爱上了它。每次读它，我的眼前总能展现出一幅辽阔的画面，那是属于孙少平、孙少安、田晓霞几人的故事，在那样一个生活艰苦的时代里，竟然还有那样几个青年勇于追梦的事迹，这实在令人钦佩。

孙少平、孙少安是两兄弟，可他们的气质截然不同。一个带有普通农民的质朴，一个带有文人的书香气息。他们都生活在一个贫瘠的小山村，一个并不富裕的家庭。可他们依然有着自己的理想，并且敢大胆追梦。看了他们的故事，我才明白了：平凡的是这个广袤的世界，不平凡的是各自精彩的人生。我才知道了：原来在那么遥远的年达，有那样贫困的地区，而那里的人们竟过着那样艰苦的生活。这在现实中是我完全体会不到的，虽然，我曾去过一些地区，那里也不富裕，也有的留下了前人的一些用品，住宅。可我看了，依然没觉得怎样，只是记下了，哦，原来他们的家用，住宅环境这么差，可终究因为没有体验过，而不以为然。

可那本书不一样，虽然没有切身体会，但我觉得，就和我经历过了一样。这，就是书籍的魅力。即使你没遇到过，经历过，可它一样可以用它那引人入胜的文字，把你带到书中，带到那样一个地方。

就像是，如果你没读过《追风筝的人》，你怎样知道有那样一种凄美的爱情；如果你没读过《名人传》，你怎样知道有那样三位艺术巨匠的遭遇；如果你没读过《海底两万里》，你怎样知道有那样一个神奇美丽、辽阔无垠的海底世界。

那本书，让我爱上了阅读。

成长需要精神

姜昊东

　　这个寒假，我的耳边经常会荡漾着这么一段话："人最宝贵的东西是生命。生命对于我们只有一次。一个人的生命应当这样度过：当他回首往事的时候，他不因虚度年华而悔恨，也不因碌碌无为而羞愧。"这段话来自《钢铁是怎样炼成的》，是我在寒假中满怀热情读的一本书，一本永远不会过时的好书。主人公保尔·柯察金是一个人生强者，一个乐观的勇敢者，我被他深深地震撼了，也让我领悟一个人生道理——毅力乃成功之本！

　　保尔的一生并不顺利，他遭遇了许多挫折，健康状况急剧恶化、双目失明、瘫痪……但他毫不屈服，勇往直前，抱着不能掉队的态度，以惊人的毅力和病魔做斗争。虽然他也想过自杀，但他的毅力很快就打消了这种念头。尽管疾病缠身，但他依然忘我地工作着，以惊人的毅力，靠口述，请亲友笔记，创作了长篇小说，让他一举成名。是什么让他成功的呢？那钢铁般的坚强意志和不屈不挠的崇高精神。

　　他身残志坚，顽强地活出自己的精彩。而我呢？作为一个身心健康的人，自己力所能及的事情还会依赖家长。学习中，有时一遇到难题，就打退堂鼓，没有坚强的毅力去克服种种困难和挫折。打乒乓球比赛的时候，一见输球，就垂头丧气、无精打采，没有一点奋起直追

的拼搏精神。现在觉得我所遇见的困难和保尔比起来，简直是微不足道。所以，我要像保尔那样，做一个生活的强者。我要从现在做起，从我的本职工作——学习开始，好好学习，勇往直前。生活中也努力锻炼自己，做一个对社会有用的人。只要保持这种毅力和百折不挠的精神，我相信不久的将来，我也是一块钢铁！

钢铁是怎样炼成的？是用许许多多的挫折困难磨炼出来的。我忘不了保尔，忘不了他的毅力，忘不了他的钢铁精神！我的耳边再一次响起这段话："人最宝贵的东西是生命。生命对于我们只有一次。一个人的生命应当这样度过：当他回首往事的时候，他不因虚度年华而悔恨，也不因碌碌无为而羞愧。"

万 花 筒

张越儿

以前午后的时光，喜欢坐在房间里，手举一个万花筒，来回旋转，里面的图形就顺着飘下，映出一个个多彩的画面。

儿时的我时常觉得大人的世界就像一个万花筒，复杂到让我琢磨不清，那样的日子并不能真正领会到悲伤与快乐。

年纪越大便越喜欢手边的万花筒，喜欢将它拿在手边，放在最熟悉的位置，那一日，当我又把自己锁在四下无人的房间里时，那熟悉的位置上放着的不是万花筒，而是一本《小美人鱼》。

那时候吸引我的，不过是书面上的那张卡通的图片，在传说中，小美人鱼在经历了那么多苦难后，最后却化作了清晨最耀眼的泡沫，这传说引我无限遐思。

书，这个陌生而又新奇的东西，第一次闯入我的世界，不是因为它有多少道理，仅仅只是它也描绘了一个万花筒般多姿却安静的世界，又一个心灵得以栖息的地方。

还记得，那个飘雪的冬夜，父母都在外工作，家中只有我一人的影子映在孤寂惨白的四壁上，我一个人站在门口，手中万花筒的画面一直变换着，只是再无人欣赏，落在地上的有一本书，书上映着三个飘香的字：《茶花女》。

那个漆黑凄美的冬夜，从此也深深地刻印在我的记忆之中，那是我第一次领略悲剧作品的魅力。

写作之人，无论生存之世如何，心底都有仙意，能撩人心柔软。

文字中写到的每一个角落，都是我心灵去过的地方，我占有了这些作品，就占有了整个世界，万花筒在不停转动，时光也随着它渐渐溜走，我能通过一本本书籍，感受人间的冷暖，不知不觉中长大。

在万花筒中回忆，安静的生活，忘却启程，伴着那永不会忘怀的一路书香。

夏日即景

余可鑫

有人说，夏天是四个季节中最热情的，无论是它的景色，它的习俗，它的回忆都是最美好，最纯澈的，要说夏景，映入脑海的又是哪一幅景象呢？

是郁郁葱葱的大树吗？林荫小路边，轻举手，看浓烈的阳光从指缝穿过，铺散在脸庞上，不用抬头，只是睁开眼睛，就会看到一片生机勃勃的绿色，它不像春天的树：嫩绿，给人一种弱不禁风的感觉，它也不像秋天的树：火红，似是离枯萎不远了。夏天树叶的颜色却是恰好的，不柔弱，不过度，繁茂盛开。那是夏天。

是灿烂热烈的阳光吗？夏天的太阳有一股股爽朗劲儿，它似乎向世人宣告着："夏天来了，打起精神！"它对我们有着警醒的作用，春天的阳光很温暖，但春天的阳光只会给你这样的感觉："所有事情随心，慢慢来！"没有夏天的利索劲儿，秋天的阳光与冬天相似，都是慵懒的，但当你发现你周围的阳光更热烈的时候，那是夏天。

是幽静安宁的花朵和虫鸣吗？夏日里，当你走进田野，走进花田，你会看见自由绽放的花朵，它们在烈日之下开放，丝毫不畏惧灼热的阳光会把它们晒伤。你会听见曲折短促的虫鸣，它们在诉说着快乐。那是夏天。

夏天，那么多缤纷绚丽的景色，那么多热情美丽的元素，我们应该把它安放在记忆里，常常问候……

秋姑娘来了

雍佳烨

秋姑娘送走了炎热的夏天，她迈着轻盈的步伐来到我们身边。秋风送爽，身边又是一番美丽的景色。

公园里的果树，挂满了沉甸甸果实。绿色的无花果娃娃躲在那巨大的无花果叶下，完成它的成长。柿子树的叶子掉了许多，满树尽显柿子。那黄澄澄的小灯笼，成为秋美丽的一角。橘子树上挂满了又大又圆的橘子，它们散发着淡淡的清香。那味道让我情不自禁、迫不及待地想吃上一口。

秋天不仅是硕果累累的季节，也是令人心旷神怡的季节。

秋天许多草已经枯萎了，有的发黄，有的变成了棕黑色。让人深深感觉到秋的存在，但是仍有个别油绿的小草挺立在秋风中，显得生机勃勃。无名的野花穿着淡粉色的纱裙也在风中翩翩起舞。最有趣的就是那可爱的含羞草，绒球形的小花令人心中滋生出一种喜爱，那一片片叶子用手轻轻一碰，便像害羞的小姑娘一般挡住了那美丽的脸庞。

我情不自禁地坐在草丛中，突然，我身旁窜出了那可爱的小精灵——蚂蚱。我用手轻轻抓住它，把它捧在手心里。它竟然也不害怕，我看着它的小眼睛，与它四目相对的一刹那，我已经融入大自然中……

　　秋姑娘送走了炎热的夏天，她迈着轻盈的步伐来到我们身边。我已经无法用语言来形容这美丽的秋天了。

我和冬天有个约会

叶重月

　　一年有四个季节，每一个季节都是不同的，每一个季节都是多彩的，但冬除外，因为人们只喜欢桃红柳绿的春天，骄阳似火的夏天，果实累累的秋天，却很少有人喜欢"死气沉沉"的冬天，因为她太单调，太无味，除了一片白雪皑皑，几乎没有其他的颜色，而我却无可救药地爱上了这个"单调"的冬季。

　　每当冬姑娘迈着沉重的步伐，缓缓地走来时，我们首先感到的就是这位冰山美人的冷。

　　小草、大树也不懂得欣赏她的美，但是松柏懂得，在茫茫大雪里依然那么挺拔苍翠，因为他知道当雪花飘落到自己身上时将是一幅多么美的"青松迎雪图"。

　　大雁、松鼠不懂得欣赏她的美，但是雪豹懂得她的美，就算是北风习习，他们也毫不躲闪，因为他们知道自己的毛皮与纯洁的雪花相映衬是多么高贵。

　　人们不懂得欣赏她的美，但是，我懂得！到了冬天，我最爱漫步在飘雪的田野里，静静地凝视着雪花一点点地给麦田铺上一层厚厚的棉被。其实冬天并不是一无是处的，她将会用雪把大地暖暖的盖起来，使泥土下那一个个小生命得到温暖的保护，待到第二年的春天，再次萌发出许许多多新的生命。

然而谁又看得见呢？谁又懂得欣赏呢？因为她的"罪过"盖住了她的功劳，使她长久以来饱受了流言蜚语。就算是这样，冬也无怨无悔，依然为庄稼，为人类，为生命做着那一份巨大却不被人察觉和重视的工作，她为人们保护了多少脆弱的小生命？但雨后春笋、嫩芽都富有朝气地长起来时，人们都把他归功于春，可是谁又去感谢和赞美冬呢？

冬，是一个冰冷彻底又优雅无比的字眼儿。

冬啊，亲爱的冬啊！你的美也许无人在意，你的雅也许无人鉴赏，但我依然等待着，等待着那与你的，美好的约会……

016

爱在大自然

马 芸

你是否曾留意，有这样一片树叶，在日出时悄悄生长着。

你是否曾发现，有这样一只自由的小鸟，在蓝天下尽情地欢唱。

你又是否曾体会到，如果我们恶意去破坏这些可爱的生灵，我们的生命里便会失去一片新绿，一声轻鸣。不过，相信我们这群充满朝气的新枝，会去呵护自己的大自然母亲的。如今，那最温暖、最舒适的季节已经来到了。我想这也可能是自然母亲最喜欢的季节了。她从睡梦中迷迷糊糊地睁开了双眼。你看、无论是田野间，还是池塘边都有她那轻快的身影。站在高高的土坡上遥遥望去，田野上成片成片金灿灿的油菜花，开得那么灿烂、那么美丽。再来，我们把目光转到青青小河边，那垂下的杨柳枝已换上了嫩绿的礼服，和着春风一起舞蹈。想必那一定是献给自然妈妈的最好的礼物吧。

现在，让我们闭上眼睛，静静地躺在草坪上，呼吸着带有花香的空气，畅想着美丽大自然的风景；是的，我们还听到依偎在树枝头的鸟儿们叽叽喳喳地发出清脆叫声。这些不也是大自然带给我们的吗？

柔和的风儿轻轻吹开我们的眼皮，这时，让我们再来仔细望一望，蓝蓝的天，白白的云，是否感觉到大自然就在我们身边，像妈妈一样呵护着我们。我们一起探秘幽险山谷去拜访那些小动物们的快乐天堂；我们一起畅游清澈的海水中，看各种鱼儿和睦共处。

你也许从未发现，大自然给予我们的种种美好；也许你从来没有意识到，在自然灾害降临的时候，是那些动物给人类警示，是那些植物帮人们渡过难关。

让我们好好爱护大自然吧。

2016 年的第一场雪

王禹萱

我喜欢春天的绵绵细雨，生机勃勃；喜欢夏天的天高云淡，烈日炎炎；喜欢秋天的一片金黄，硕果累累；但我更喜欢冬天的冰清玉

草木有本心

洁，白雪茫茫。

2016年的第一场大雪，洁白晶莹。白茫茫的一片，像用鹅毛铺成的白地毯。

我站在窗前看楼下。楼下的亭子去哪儿啦？楼下的小灌木丛去哪儿啦？楼下的假山去哪儿啦？被茫茫的白雪覆盖住了。继续眺望远方，只有一座座高低不平、形态各异的"雪峰"。美妙极啦！地上的雪化成了水，水又因为足够的低温，凝结成了冰，厚厚的冰铺在地面上，上面还夹杂着一些白雪，走在上面滑滑的，一不留神就会滑倒，所以冰面上出现了一条条像藤蔓一般的裂缝。青翠挺拔的青松上缀满了洁白耀眼的雪花。当树上的积雪随风飘落时，就仿佛一位身穿洁白舞裙的小精灵在空中翩翩起舞。如果树梢上挂满一些小礼物，树干下堆放着各种各样的大礼包，树顶再加上一颗闪烁的大星星，那么它就是一棵所有小朋友都喜爱的圣诞树了，此时我的思绪已经飘到了圣诞节！

走进公园，那条曲折的水泥路像铺上了厚厚的白地毯，那么纯洁，那么晶莹，真叫人不忍心把脚踩上去。路两旁矗立着两排挺拔的水杉，宛如站得整整齐齐，披着白斗篷的卫士，守护着公园。

我情不自禁地伸出手，雪花恰似一个个"小伞兵"，跳到了我的手心里。它们好像一片片六边形的花瓣儿，还没等我欣赏完，就消失得无影无踪，化成了一滴滴晶莹的小水珠，在我的手心里不停地眨着眼睛。

突然，一阵银铃般的欢笑声打破了这安静的世界。我往远处一看，原来是几个孩子在雪地里玩耍呢！他们你追我赶，有的在打雪仗，有的在堆雪人，玩得热火朝天。他们穿着艳丽的棉衣，像朵朵浮动的鲜花，将公园点缀得更加美丽动人。我情不自禁地跑了过去，加入他们的玩耍队伍。

我喜欢冬天茫茫的白雪，更喜爱2016年的第一场大雪。

合欢树叶·秋叶微笑

姜昊东

　　因为曾经读过"我言秋日胜春朝"的美妙诗句，于是每到秋天，都会去寻找那些微笑的美景。

　　抬头望去，合欢树叶硕大无比，枝头泛起了一丝橘黄，好似戴着一顶帽子，远远看去，像是一个和睦的大家庭。捡起一片合欢叶静静地观察，在阳光的映照下黄里隐隐透着一丝白，越靠近叶脉，就会看见一块块淡淡的棕，还有一些稀稀疏疏的黑色斑点如同长了"雀斑"似的在述说这片叶子的沧桑。深红色的叶脉纵横交错，排列整齐，越来越细，反过来，如同盖上一层薄纱，让我想起了"也能遮却美人腰"这首诗。

019

　　合欢叶不仅颜色绚丽，它的外形更是奇特。你瞧，合欢叶的边缘如波浪，一浪追一浪。前面尖尖的凸起，碰到皮肤上，痒痒的。它微微向后仰去，两边向内卷起，奇特无比。合欢树叶摸上去很粗糙，放在鼻边闻闻，立刻，一股淡淡的清香扑面而来，深呼吸，这香就会流遍你的全身。

　　叶子的世界多么美！也许合欢树生来就是让我们换上欢乐的心情的吧！

　　捡一片黄叶悄悄地珍藏，秋天永远会向我们微笑……

草木有本心

冬天里的温暖

王 雨

　　有人说，冬天是寒风刺骨的；有人说，冬天是白雪茫茫的；还有人说冬天是千里冰封的；而我却说冬天是温暖如初的。

　　依稀记得去年冬天，我去叔叔家玩，偶然间看到了叔叔家的园子里种了许多梅树和吊兰，但可惜的是梅花都呈花苞状，只留吊兰在那里，颜色未免显得有些单调，但冬天能冒出一团新绿来已经实属不易了。

　　过了几天，我又来到了叔叔的园子，只见吊兰还是那样的生机勃勃，但比这更为壮观的还是那梅树上绽放的梅花，梅花树虽然不多，却胜在一个"美"字。

　　白梅如雪，若不细看，或许真看不见它，好像与天地融为了一体。红梅似火，原本盛开得如火如荼的红梅，在白雪的映衬下竟显得如此冰清玉洁，装点着周围白雪皑皑的一切，使一切都充满了生机，洋溢着喜庆。即便是离着数米远的距离，也能闻到梅花扑鼻的芳香，周围的一切美得好似人间仙境。原本寒冬般的景色，竟因这一树树灼目的梅花而显得暖过春天。看到这些梅花会让人觉得，即使冬天再寒冷，春天也将近了，让人不由得感到一种温暖和希望。正因如此，梅花的美好，不只在于它的美，也不只在于它的香，更在于它在严寒中仍傲立枝头的品质和心性，还有它能在严寒中给人带来的温暖，它们将自己的美好都绽放到了极致，于是我踏一路白雪，闻一路花香向园子中央走去。

我来到园子的中央，看着朵朵梅花就像个个活泼可爱的精灵，一阵寒风吹来，竟让人感觉不到寒冷，梅树弯了弯腰，各个精灵也跟着跳起了舞蹈，看起来又像是蝴蝶在翩翩起舞，任树上的花瓣轻轻落到我的身上，就像一个个顽皮的孩童。

我伸手小心翼翼地摘了一朵梅花，生怕一不小心就会打扰到它，梅花花瓣润泽透明，摸起来很平滑，被花瓣层层叠叠包裹起来的是中间那嫩黄色的花蕊。

冬天，它没有春天的绚丽多彩，没有夏天的出水芙蓉，也没有秋天的金桂飘香，却因这雪中的梅花显得生机勃勃、温暖如初。

窗　外

许文涵

这天空，真是位优柔寡断的女孩儿！黑色的轻纱蒙住了她哭泣的面庞，却依然撒下了几颗晶莹的泪珠儿在人间。女孩儿是该多忧伤呀？连着啜泣了几天，即使不再哭泣，也不愿意揭开面纱是吗？

而凡间啊，树儿却摇晃着身体，树叶儿跳着舞，一会儿转个圈儿，一会儿翻个身，左一摇右一晃，舞姿戛然停止落在了地上；几处水洼上偶尔覆了片叶儿，不知怎的就游起了泳，漂在水面上，好不惬意!

人行道上,被扫成一堆的可怜落叶,一下铺展开,成了毯,走在上面,却意外地没有听到碎裂声,反而软塌塌的,吐出点儿水。

花坛子里,几朵将要枯败的月季,脸蛋儿上沾着几滴晶亮透明的水珠儿——是哭了吗?还是女神的泪儿?

门前,一大摊子水——这是哪儿冒出来的地泉?隔壁家的狗兴奋地冲出去,淋着满身的水回来,可真像个落汤"鸡"!楼上的小丫头兴奋地跑到水滩子里,乱踩一通,绽开的水花儿长在了空中,绽放一瞬,随即又枯萎,丫头却一点儿也没察觉到花的凋谢,笑声传遍;嗨!她妈妈来喽!揪着她的耳朵,愣把她拎上了楼,哭声传遍。

家中窗旁的百合花苞,还是老样子,没有一点儿要绽开的意思,耷拉着脑袋,苦着个脸儿,抱怨道:"天气怎就这么冷呢!"

呦!可不妙,女神说哭就哭,没一点儿预示,瞅见几个人儿,在奔跑,哗哗的水,冲了他们一身;对面人家收了衣裳,关了窗,天地间真是没一丝色彩,黯然了;马路上,干净了,一辆洒水车无奈地停在一边上,越来越多七色的花开放了,弹走了可爱的小水珠儿……

我在窗内看着这一切的发生,嘴角弯弯一道……

小草也美丽

吴思颖

"野火烧不尽,春风吹又生",草儿没有树高,没有花香,但却

有岩石般的情怀，因此，小草也有它独特的美丽。

经过了一冬的孕育，一声春雷唤醒了沉睡的小草，娇小的身躯从肥沃的泥土中钻了出来，散发出绿莹莹的光亮。它不与群芳纷争，只是默默地点缀着花朵。

聆听着知了的鸣叫，小草儿变成了深绿色，冒着火红的太阳，它却长得如此茂盛。每每雷风四起，狂风呼啸，大雨倾盆时，小草还是挺直了腰杆，没有低头，任凭这风吹雨打，毫无怨言，立场坚定，如同训练中的军人坚持不懈，勇往直前。

秋风吹起，落叶飘零，小草渐渐变成了黄色。那一大片金黄色的草坪，在阳光的照耀下，更加迷人，散发着亮闪闪的金光形成了一道壮丽的风景线。

山河冰封，大地雪白，随着雪姐姐的到来，小草并没有结束这壮丽的一生，正如"落红不是无情物，化作春泥更护花"，即使不能装点世界，也用自己的灵魂守住一方净土，等待着第二年的累累硕果。

小草用顽强、坚持和奉献度过了一生，难道我们不应该去学习它吗？

023

我们都如同小草一般，虽不起眼，但我们只要有持之以恒，百折不挠的精神，定能创造出勃勃生机的明天。

小草是平凡的，但小草也美丽。

草木有本心

丘锦程

　　喜欢上栀子花还是因为妈妈喜欢一位叫丁立梅的作家。每一种暗香都有它独特的魅力，丁立梅怀着一颗对草木，对花果的喜爱之心，发现了一种独特的香——栀子花香。

　　栀子花极易生长。正如文中所说："栀子花无需特殊管理，只需要一小杯泥土。"我也喜欢栀子花，倒不只是因为它的花香。栀子花的花期很奇特，不是在百花盛开的春天，也不是与梅花争艳的冬天，而是在烈日炎炎的夏日，与阳光对视。栀子花就是这样一直默默地立在强烈的阳光下，散发着清香，把空气染得清新，给路人留下一片淡雅和舒适。而它自己却忍受着烈日的煎熬，让暑气侵蚀着自己柔弱的身体，从不退却。因为眸子里藏着不服输的坚持，这样的性格是我喜欢她的原因之一。

　　栀子花芬芳自然而不张扬，却依然沁人心脾，正如作家丁立梅所言："这就是栀子花，香不惊人死不休的。"栀子花在炎炎夏日里顶着阳光，却丝毫不受阳光的影响，纵然在芬芳的花季也仍然保持这那份原有的平淡与素养。

　　白色的栀子花无论枝头吐芳，还是落地成泥，都一概素素淡淡，如白玉无瑕。我为之惊诧，尤其是那暗香若有似无，不经意间如影随身，四处弥散。

栀子花的形态令人心旷神怡，栀子花的香气令人神清气爽，栀子花的生命力让人不禁赞叹，栀子花的一切都是那么可歌可泣。

平淡无奇的栀子花，却是花中君子。

一花一世界。不只是花，雨也会唱歌，树也会舞蹈，草也会欢笑。尘世万物都值得我们尊敬，我们降临于这个世界上，何不像那绽放于盛夏光年的栀子花那样，守住本心，感念生命。

美丽的海棠花

燕亚丽

以前去了公园，看到了美丽的海棠花……

从远处看，盛开在绿叶之中的海棠花，颜色非常鲜艳，就像一团团燃烧着的火焰，与绿叶形成了鲜明的对比。

走近看才发现，原来海棠花的花朵是由许多小花朵组成的。每一朵小花都像一滴红色的小水珠，散发着香甜的气息。

完全开放的海棠花颜色火红，就像孩子们的笑脸，他们笑得可真甜啊；即将开放的海棠花刚刚绽开了一、两片花瓣，就像是一个小号角，我仿佛听到远处传来"嘟嘟嘟"的号角声；还未开放的海棠花则被绿萼环抱着，就像一个绿色的酒杯中盛满了深红色的葡萄酒，我真想端起来品尝一下它的美味……

如果说海棠花像一个美丽的少女，那么海棠花的叶子就像是她

的衣服。可能与阳光的不均匀照射有关吧，圆圆的绿叶前端是深绿色的，后面则是浅绿色的；细细的叶脉均匀分布，与叶边一圈小锯齿组合起来，形成了这件绿衣的特殊花纹；最神奇的是，叶子上面还有一层细细的绒毛，就像是用来"保暖"的，非常可爱。

支撑海棠花的花茎有的比较纤细、有的比较粗壮。纤细的花茎像姑娘柔软的腰肢；粗壮的花茎则像一个真正的男子汉挺拔的身躯。

如果让海棠去参加选美比赛，海棠绝对是第一名！

我爱这棵美丽的海棠花，因为它装扮了我们的公园，美化了我们的生活……

淡淡的日子也飘香

　　四月，路边的树都萌发出嫩绿的新芽，点缀了冬日单调干枯的枝干。褐色的土地不再是光秃秃的一片，而是布满了星星点点的绿。我会站在一颗嫩绿的柳树下，静静去感受——叶芭是清香的，不浓，要是刻意闻也是闻不到的。只有在你静坐时，一丝清香才会忽地飘过你的鼻尖，尔后又消失不见。

淡淡的日子也飘香

张　晶

不过是一个平淡无奇的清晨，空气中也弥漫着香气，这是春天的味道吧。

随手抓一把空气一捏，淡淡的香气便从指缝间溢出。

下楼，转个弯，看到了一片花圃。上千的小花挤挤挨挨，这儿一团，那儿一簇，娇羞地眯着眼，摆出大大的笑容，在袅袅的雾气中显得不真切。墙角一株春梅未开，小小的花朵儿坐在枝头，优哉游哉地等待最好的开花时机。

我向卖早点的小摊走去，突然一个小女孩儿从拐角冲出，撞得我直后退，女孩儿一下子跌倒在地，我有些恼火说："大清早的，瞎跑什么！这么不小心。"小女孩儿爬起来，拍拍身上的小棉裙，眨眨眼，笑着说："给妈妈买早餐呢，姐姐，给你一颗糖，甜甜你的心。"说完又跑了。

哦，对，那孩子不是楼下的阿玲吗？她妈妈卧床不起，生了重病，阿玲爸爸在外打工却赚不了几个钱，只有阿玲照顾妈妈。"倒是个孝顺的孩子。"我的恼火不经意间散去，悄悄地打开了胸怀。拆开棒棒糖的包装，水果味儿一下子钻进了鼻腔，真香。我含着糖，走向卖煎饼的小摊。

如往常一样，大婶塞给我煎饼，鼻子贪婪地吸着煎饼的香。这种田野的味道，每天清晨，都融在空气中，缭绕在路人的鼻子下，让人忍不住赞一句："真香！"

我才发现，不一定是花儿朵朵才飘香，不一定家家户户包饺子的日子才飘香。你闻，在这淡淡的日子里，花香、水果香、煎饼香在阳光中发酵，慢慢融在空气中，闻一闻，不也是四处飘香吗？

原来，淡淡的日子也飘香。

那时花开

章　宇

春天的杏花如云，夏天的鸡冠花似火，秋天的菊花若月。那冬天呢？百花凋零，似乎没有生机。可你瞧！那一株株挺立在寒风中的梅花同样美不胜收。

那时花开，正是怒放之际，我们家自然也少不了梅花的身影。她们的品种、颜色各不相同，各有各的特色。"西湖柳月"端庄美丽，"贵妃醉酒"高贵柔美，"白鹰雄立"更是光彩照人……几株梅花，不禁让人浮想联翩。

那时花开，家里虽只有几株，公园里、广场上却有几十株、几百株，她们肩并肩，你挨着我，我挤着你，清丽优雅。放眼望去，难道不像一片白羽编织成的绸缎，或是一幅精美的《冬梅图》？

那时花开，因为家里有了几株梅花，多了一道亮丽的风景。在众多"佳丽"中，唯蜡梅最深得人心。她被排列在最拐角处，虽然这个位置不起眼，却也掩盖不了蜡梅独有的那份清丽。单单看一片花瓣，纤薄纤细，让人感觉弱不禁风。

花儿一定会开

章　瑜

晨光下，那花依偎在母亲的怀抱中，开了。

从我记事开始，母亲便喜欢栽弄花草，家中摆满了各式各样的花草，有的说的上名字，有的还不知道姓甚名谁。

一家人郊游回来的那天，母亲带回了一株不知名的野花。那花的模样就像奄奄一息的病人，我想它是开不出花来的。

可母亲偏不信，给它浇水、施肥，不停地忙碌着，甚至有时候还和它说话，为的只是希望它能快点活过来。但几个月下来，那花丝毫没有起色，依旧那么瘦弱，仿佛风一吹，便能倒下。

这天，我气冲冲地放学回家，看见母亲还在给它浇水，一下子我便爆发了。"我昨天不是让你给我试卷签字的吗，怎么是空白的？""啊，对不起啊，妈妈忙着给这株花换盆，忘记签了。""你天天就知道照顾花花草草，再说，我都说过了它是不会开花的，你非要不信。"妈妈低着头默不作声。

晚上，雨下得很大，感觉世界末日快来了。

一大早，妈妈便起来了，原来是昨晚阳台窗户没关，我想昨晚雨

下得那么大，它早就被冲垮了，或许，也已经开花了，但我知道这种可能性微乎其微。

走向阳台，没有印象里病恹恹的花草，印入眼里的正是张开花瓣呼吸着晨间流动空气中紫色小花。那盆野花竟在风雨中全开了，那一瞬间，我看见野花的，生命的力量。母亲笑了，从未见母亲笑得如此美丽，母亲看着这盆花，眼角的泪珠不停地闪烁着。

一夜雨后，太阳升起，照耀着母亲和这株花。

母亲轻声说道："你终于开花了，我知道你一定会开的，一定会的。"

"向着微笑"的花——樱花

许文涵

031

翻开画册，里面是自己临摹的一些作品。无心翻看着，突然，从画册里，掉出一张图片，仔细一瞧，原来是四年级时候画的一幅樱花图。

这张图片中，最显眼的是图中央刺眼的白色亮球——太阳，它悬挂在天空正中。天，是湛蓝湛蓝的，仿佛一张一尘不染的蓝色绸布，看上去是那么柔软。樱花树从左边伸出树枝，每条枝上都开满了淡粉色的樱花。放眼望去，是一大片粉色的"圆形海洋"。几朵纯白的云朵则被挂在太阳的周围，稀稀疏疏，总的来说，还是养眼的蓝色为主色调。

我看得入了神，不经意间，想起了樱花的花语——生命。

是的，生命。三四月时，大多数地区仍被寒冷包围，在这段时间里，连人们都要搓手取暖。而，正是在这段时间里，樱花，却悄悄地绽放。如今，三四月的气候都使人感到冷，更别提花朵了。可樱花，却不畏寒冷，以顽强的生命在风中绽开美丽动人的笑脸；不论天气多冷，不论环境多恶劣，樱花，总是用自己粉色的生命，装点世界，让人们在这冬末春初的季节里，感到眼前一亮。

我的思绪，渐渐飞入了樱花的世界。恍惚间，耳边仿佛想起了一段旋律：

"在风中颤抖坚强美丽的花，越过冬天还会再次地绽放。"

只觉着这旋律如此之熟悉，细细一想，原来这是《化作樱花树》的歌词。

轻轻吟唱这首歌，带着憧憬的心情感受这每一句歌词和每一个音符。柔曼的旋律，轻轻拂过我的心；一段段歌词，在我眼前描绘了一幅画，画中的樱花，透着淡淡的粉色，一阵阵风时不时吹来，看似脆弱、仿佛一触就散的樱花，在风中坚强的挺立在枝头。

樱花，是坚强的化身他有着旺盛的生命力。虽只有短短四至十天的花期，可它们，仍然用生命之笔，写下了两个美好的寓意：

坚强、生命。

留一点儿耐心给自己

赵　晨

"哎哟！不做了！"

是的，我又在做那该死的题目。读完那一大段的题目，已经让我没有一点的头绪，烦躁地将笔扔在桌上，发出了沉重的一声。但又必须做完，拿起那张已画得破破烂烂的题集，又扫了两遍题目，那些方法，概念像是一团乱麻将我死死扣住，厨房里又发了那扰人的炒菜声，让我本已混沌的心，再次烦躁起来，在瞥一眼那题目，脑袋还是一片空白。索性将题集放下，望着窗外，戴上耳机……

夜幕已快降临，天空呈一片深蓝色，鸟儿成群结队的归巢，享受黑夜的魅力，劳累的人们忙完一天的工作，回到家中，享受家的温暖，几个幼童在小区中玩着没有名字的游戏，窗外，树叶被微风轻轻拂过，我打开窗，让那风也平静我的心。过了一会儿，夜幕真的来临，带来的是更加的寂静，夜空中闪现了几颗星，目不转睛地看着它们，耳机中正在放逃跑计划的《夜空中最亮的星》。歌词与现实融为了一体，让我陷入了沉思……

只为一道难题，就使我这般烦躁是不是应该平静些，耐心点。也许再耐心些，也能找到一点点头绪，我为什么不能再耐心一点儿呢！想到这里将窗户关上，将耳机摘下，坐回写字桌前，捡起笔，拿起那张题集，将它轻轻抚平，也抚平自己的心，再次耐心地看题，从里面找出线索，再结合所学过的知识，耐心地想。想不出，再耐心地看上一遍遍……

这个周六的夜晚，我想，我要留一点儿耐心给自己。

留一点儿希望给自己

陈心怡

成长的道路上，总有风风雨雨在等待着你，我们渴望成功，却又不得不接受失败；我们幻想美好的未来，却又不得不接受残酷的现实。在每一次次地打击背后，却又不得不鼓足勇气继续前进，去努力追寻着自己的梦。但，有时却又不禁觉得希望似乎永在远去，永远捕捉不到它的尽头。

希望，似是如此的渺茫，怎么也看不到，也抓不住……

一阵轻快的铃声响过，下课了。静静地坐在教室里，而手里却握着笔马不停蹄地赶着作业。似是许久，感到一丝疲惫，不禁往窗外看去。才发觉明媚的阳光下，一切是如此的美好、梦幻。室外的一切都犹如点缀着颗颗金色的光，不停地在蓝天下闪耀着，树枝在微风徐徐中高昂起枝头，展现它绿色的光彩。哦！我知道在这不知不觉的暖风中，春天到了。

时间却不曾停止过，放学了。推着自行车走在马路边，心里却还回想着事情：呵，快升年级了，测试也多了起来，可想起去年的成绩，让我内心泛起一丝苦涩。如果，如果再这样下去……没有勇气接着想下去，但我却清楚地知道自己早已没有多大的信心。不经意间抬起头，内心闪过一阵惊讶，学校的马路旁何时开得这样淡雅沁人的话，连空气中都渗透着令人释然的花香。在远处望来，棵棵大树似是层叠在一起，错落有致。哦！我知道在这素雅的花香中，春天来了！

脑海里又回荡着校园里大树的身影，那抹盎然的绿色盛开在心头，又一个春天来了，一切都是给人以希望的绿色。空气中，似乎遍布着更浓郁的春天的气息，内心更是一片起伏，思绪却早已飘飞……

鸟儿在枝头歌唱，雄鹰展翅在空中飞翔，花儿在草间绽放。又是一年春来到，又是一个新起点，又是一个新希望。我坚信，留一点希望给自己，我们将会再次畅游在学习的海洋，翱翔在知识的蓝天！

留一点儿梦想给自己

杨紫璇

"唉！又没有跳过。"望着眼前那一道白线，我都不知说啥好。

入春了，阳光就像一本书，悄然无声地被春天打开了。今日，暖风裹着骄阳的热量来到我们身边，原本那应充满生机的草儿却不知为何蔫了下来，总显得无精打采的。正如此时的我一样。

刚刚上了一节体育课。现已五年级了，各方面都像个大孩子了。我是一个体型胖的人，体育课每次都是我的一道坎儿，真心希望学校取消体育课啊。

　　记得上学期，那个成绩可真算让我"丢脸"的。听说今天体育课要测，我自然不开心。但无奈，也只好去上。下楼后，一股热风袭来，吹得叶子沙沙地抖，同时也吹得心里咚咚地跳。

　　一开始，老师说先不跳了，这不禁让我高兴起来。但可谓"好景不长"，我们最后还是要跳的。

　　"走吧！他们都集合了。"一位同学已经在催我了。语落，我的心也随之而落。我跳下双杠，我的腿就像绑了铅块一样，只好拖着前进。

　　"厉害！"看他们跳得那么轻松，我不禁也发出一声赞叹，同时又略带羡慕之意。

　　"哈哈哈哈！"有些同学正因有人没跳过在"放肆"地笑呢。这正是我最不想听到的。

　　终究还是轮到我了，我的心跳得更快了。我用自认为最有力的一跳去跳，可事实就是如此残酷，我还是失败了。但我并没有听到那所谓的"嘲讽之声"。无意间，我瞥见角落里的几株小草，它们正顽强地生长着，好像在对我鼓励。看到这儿，我的心也渐渐缓了下来，我看了看距离，发现比上次远了不少。

　　"对！"正是因为上次失败之后，我没有放弃，才获得了这一丝失败中的进步。我那时对自己说过，"给自己留一点梦想！并为之而奋斗！"而今天，我依旧会留一点梦想给自己。我相信在我不断地锻炼之后，别人能做到的，我一定也能做到！

　　梦想，努力了才叫理想，放弃了那只叫妄想。失败时，留一点梦想，你会发现，前方的道路何其宽广。"是吧！"我望着那嫩绿的草儿说，"你明年还会在这陪我，与我一起来追逐那给我自己留的梦想的吧！"

　　"一定！"

留一点儿责任给自己

陶 洁

　　我们的父母有着养育我们的责任，老师有着教育我们的责任，社会各行人士有形形色色的责任，我想说，留一点责任给自己。

　　或许，我的责任不那么重大，但是它总在这个庞大的世界上起着小小的作用，这就够了。

　　敬老院，一个需要关爱而又恰恰缺乏爱的地方。老人们会孤独，会渴望孩子们来看看他们，不需要贵重的礼物，一句问候早已使他们心中暖和起来，像阳光般美好。

　　我清晰地记得，一个头发花白，拄着拐杖的老太太戴上了她许久没戴的老花镜，迈着姗姗的步伐，一串清脆的"嗒嗒"声有规律地传来。她的眼中是什么？是急切的希望和难以言说的喜悦，她握住我的手，笑着，凝视着我，久久没有松开视线。

　　那一刻，我呆住了，她的目光中有一丝淡淡的忧愁，可很快变得慈祥，温和以及掩盖不了的欢乐，我知道，这是因为我的到来。

　　我还以笑容和亲切的问候，告慰她心底对儿女的爱与思念，倾听她以前的往事，了解老人们的孤单，辛酸。

　　老人深情地说："孩子，你长得真像我的小女儿，我女儿小时候也像你一般贴心，也会问我那些个问题，同你一样可爱。现在她在上海有个好工作，过年过节也会把我老婆子接过去，可孝顺了。"老人一边说一边喜上眉梢，眼睛也好似在笑，皱纹一下少了一大半，我知道，她很幸福，我也很幸福。

我不奢望我去这一趟会改变什么，但只要我可以带给这些老人短暂的快乐，我就已经很高兴也很满足了。

一定要留一点责任给自己，那样，生活才会有其意义，生命才会充满欢乐。

长大真好

郭竹萱

038

从幼儿园到小学，我长大了，变成了一头小牛犊。长大真好！

因为长大成小牛犊，眼眸中溢彩流光；因为是小牛犊，不畏困难险阻；因为长大，总会抬起头骄傲地瞭望远方。

长大真好！

教室里，老师诲人不倦，传授我们知识；家庭里，家长们苦口婆心，教我们做人道理；社会中，我们是被保护的对象，是初升的太阳。

是的，因为长大，我们可以了解更多事物，掌握更多知识，可以有自己的思想，可以脸上浮现的不再是稚气。

长大了，身为小牛犊，应有牛犊的气质，有牛犊的精神，有牛犊的轻狂。

文学天才蒋方舟在《大学骗我的那些事》中提到，他本以为清华学子会意气风发，会高谈阔论，会傲视群雄。但几年后，他只看到了谦恭的笑。"好汉不提当年勇！"

　　身为小牛犊，我们正在长大，庆幸我们为牛犊，还未成老黄牛。在此之前，我们还有时间，有精力，有机会。恰同学少年，身为小牛，趁在为老牛之前，我们可以轻狂。

　　比起儿时的稚气，现在身为牛犊的我们显得成熟。长大真好！比儿时成熟，但又有份轻狂。

　　长大真好！长大了，我们会有好多好多智慧。

　　高斯正长大的时候就显露出他的聪明才智。有一次上课，高斯打了盹。回家后发现书里夹着一张上面有道数学题的纸。他误以为是老师又给他加了作业，便拿起笔算了起来。这次演算并不顺利，他到了半夜都没有算出来。但他以为这是作业，就肯定有答案。他苦算了一个晚上，"功夫不负有心人"，他得到了结果。当数学老师看到后惊呆了，问高斯用了多长时间。"一整个晚上"。

　　"一整个晚上"，是一个牛犊的回答。两百年来苦算无果的难题，而高斯只用了一个晚上，因为他有牛犊那股无畏的劲！

　　行于草间，身浴阳光，不妨轻狂！

　　因为长大，我们不再只是稚气，初生牛犊不怕虎。

　　长大真好，真的，真的，很好。

呵护我们的美丽

感动！草坪的美丽需要维护，远不止这些，内心的美丽更需要维护，我们在举手投足间处处讲文明，懂礼貌，聚小美而成大美，城市便会因此而更加美丽。

春节扫雪

熊新燕

春节，是一幅幅红红的对联，是一声声响亮的爆竹声，是一张张盈盈的笑颜……而今年的春节，更是一件件美好的事，一颗颗火热的心！

清晨，照旧去向父母问好，去要那窥探已久的压岁钱。不经意间，惺忪的睡眼瞥向窗外：苍茫的天宇撒下片片花瓣，似乎还带着淡淡的幽香。雪悠悠地飘着，天地间早已纯净无瑕，只剩下茫茫的白。

温暖的春雪没有一丝寒意，悠然的雪花反而给这喧闹的新春带来了一种诗意的宁静。我伫立良久，想要和雪花一起飞舞，可迈出的脚却又不禁收了回来，恍惚间，似乎有了黛玉"手把花锄出绣帘，忍踏落花来复去"的心情。

天渐渐更亮了，男女老少都纷纷出来拜年了。一下子便从仙境回到了人间。

忽然，发现了一块"新大陆"，隔壁门口还是雪白一片，厚厚的积雪如毛衣般遮住了地面。"噢，他们家去上海了，家里只有一位八旬的老奶奶。"我猛然想起，一个念头立刻蹦出脑海。嗯，那就去干吧。

我拿着工具就去了。但雪还在下着，刚扫完没多久又堆了一层。

这回我对待起这些"冰清玉洁"的雪来可是毫不手软。家门口扫完了去隔壁扫，隔壁扫完了去家门口扫……反反复复乐此不疲。

　　"可是，还有许多没人扫的地方怎么办？天冷，路又滑，万一……"我正皱眉想时，爸爸妈妈回来了，活脱脱一对雪人。"为什么一大早就不见人影，现在才回来！"我有些不满，"你们到处乱逛，害我扫这么辛苦。"爸爸愣了一下说："这大过年的，我们还真是瞎转悠，本来打算去桥上扫雪的，但发现好多人都在扫，连转了几处也没轮着，还弄得一身是雪。"

　　啊，原来是这样，先前的恼意如落入我手中的雪花，转瞬即逝。

　　咦，大过年的都出去扫雪，而且还用"抢"着扫？我望着调皮地漫天飞舞的雪花，心里不禁乐开了花："大家都在扫雪，早晚能把大家'扫'在一起，把全国人民的心'扫'在一块儿！"

　　雪小了，对联红了，爆竹响了，大家都笑了。

捡 垃 圾

邓晨曦

　　2014年南京迎来了全球瞩目的青奥会，幸运的是，我也曾有机会在周末帮助志愿者们尽一份力。

　　今天，我们一家人向着紫金山出发了，去拾起山上的垃圾。

　　来到紫金山的山脚下，一阵凉风拂过，令我们一行人舒爽不已。两旁是郁郁葱葱的大树，地上是那绿油油的小草，生机勃勃的，好像在向我们挥手，欢迎着我们的到来。

可是往地下一看，真是颇为狼藉。有吃过乱扔的糖果纸，有喝完丢弃的矿泉水瓶子，还有那令人生厌的口香糖。真是凡所应有，无所不有，花花绿绿的一大片。我在心中默叹了一口气，弯下腰开始捡起了垃圾。

接着，我一边捡边往前走，脸上渗出了一层密密而细小的汗珠，喘着粗气，脸涨得通红，腰不禁弯了下来，两脚哆哆嗦嗦的，好像站不稳似的，只好叉着腰在那休息。天上的太阳十分的炙热，烧烤着大地。我咬紧牙关，一个猛烈的深蹲，又继续开始了工作。我的背影在烈日下晃动几下，地下也就干净了几分。渐渐地，我手边的黑色垃圾袋，已装得鼓鼓的，我把它扎好扔进了垃圾箱。清洁卫生的阿姨，向我投来了赞许的目光，我的信心不禁大增，便又弯下了腰捡了起来。人们看到我的举动后，都投来了赞许的目光，有几个人还跑过来帮助我一起打扫。有的人不禁脸微微地发红，感到了一些不好意思，便把自己扔掉的垃圾偷偷地捡了起来，扔进了垃圾桶。有的家长就告诫自己的孩子，千万不要乱扔垃圾，接着鼓励自己的孩子跟我一样去捡垃圾。人越来越多，都蹲在地下捡起垃圾，像一只只的小蚂蚁辛勤地干着活儿，而我的心也感动不已。一会儿工夫，地上立马变得十分整洁，再也找不着脏东西了。

经过这次的锻炼，我终于明白了志愿者们的辛苦。他们是我的榜样，使我懂得了奉献的美好。

从现在开始，让我们做好小主人，使南京变得更美丽吧！

呵护我们的美丽

王子卉

美丽是需要维护的。

我家旁边有一个小小的花园。这花园虽小，但一年四季都会溢出淡淡的香。毫无疑问，这个美丽的花园成了小区居民晨练的首选场所。每天清晨，老人在这里打太极，年轻人在这里慢跑，小孩子则在这儿细细地品味花香。还有一些人，边晨练，边遛宠物狗，到处都洋溢着活力与欢笑。

045

对于花园的美景，人自然是小心翼翼地珍惜、呵护，但宠物不懂得。于是，常常出现这样的情景：一只宠物狗发现了一只翩翩起舞地美丽蝴蝶，便趁主人不注意，向蝴蝶发起"进攻"。而在宠物追蝴蝶时，无意中便踏上草坪。或许会踏坏一片草，也或许会折断一朵美丽的花。久而久之，草坪上便被宠物们"创造"出一条条杂乱无章的路来。

然而不知从哪一天起，我看不到这样的景象了，问了邻人才知道，每天早晨都会有几个年轻人到花园里，身上披着"美丽南京你我他"的绶带，专门替那些来晨练的人看管宠物狗，防止那草坪里的和谐再被破坏。

下次再去花园时，我专门去了那些年轻人看管宠物的地方。年轻人看着那群宠物和草坪，有说有笑，在阳光的照射下，如同镶着一条金色的花边，美丽、帅气、大方、活泼，尽显南京之风采。我去问年轻人为什么这样做，一个大姐姐说："这样，草坪就可以像原来一样美丽啦！"她说的时候，语气恬静优雅，仿佛做了一件理所当然的事情。

感动！草坪的美丽需要维护，远不止这些，内心的美丽更需要维护，我们在举手投足间处处讲文明，懂礼貌，聚小美而成大美，城市便会因此而更加美丽。

呵护美丽，美在细节里，美在举手投足间。

想给你种一片森林

雍文轩

我已经记不得是多少次看见你了，你和你的同伴盘旋在街道的上方，偶尔停留在街边的电线杆上休息，是啊，这城市连让你休息的地方都没有了，只能让你在电线杆上停留，哦，我相信你一定很想念你曾经居住的森林吧，如果给我一次机会，我一定要给你种一片森林，让你快快乐乐地生活在那里……

今天下午我又看见了你，与往常不同的是你没有和你的同伴盘旋在空中，而是焦急地在路边东张西望，你的身边有一团黑黑的东西，我走过去一瞧，原来在你身边的是你死了的同伴，它的血流了很多，隐隐约约能看见黑色的羽毛上有着车轮的印子，再一看马路中间有着

一些血迹，我知道了你的同伴是被这无情的车辆夺去了生命。如果给我一次机会，我一定要给你种一片森林，让你远离那世间的恐怖，自由生活在森林中，让你在森林中做一个快乐精灵……

今天我在梦中又见到了你，我在梦里为你种了一片森林，你与你的同伴在森林里自由飞行，没有车辆，没有污染，没有杀戮，你们生活得自由快乐安宁。我从梦中醒来想为你种一片森林，就像梦里那样，让你变成快乐精灵，让你在没有纷扰的世界里生活下去……

明天会怎样，我应该还会遇见你吧。明天我要在我家门前种一棵树，每天给它浇水施肥，让它长成参天大树，到时候再把你接来这里，让你住在这里生儿育女，我再去给你种一片森林，让你和你的儿女住进那片森林，在那里面做一个快乐精灵……

我想给你种一片森林……

来碗重庆小面

秦一轩

古人云："王者以民为天，而民以食为天。"国人好吃，味不分南北，食不论东西；古人重吃，四时祭祀，无非吃食。唇齿舌间有乾坤，山珍海味大哲理。而我不吃那山珍海味，只望来碗正宗的重庆小面。

深秋，在寒风中，只望能来碗重庆小面，驱走寒意，消去满身疲倦。

　　若要吃得一碗正宗重庆小面，却极不容易。调料是小面的灵魂，一碗面条全凭调料提味儿。我妈妈是重庆人，我有幸吃过她做的正宗重庆小面。你看，重庆小面需备得这些调料：酱油、味精、油辣子海椒、花椒面、姜蒜水、猪油、葱花、花生粒、榨菜粒、白芝麻。放调料也有讲究，其他调料的次序可以打乱，但是酱油必须先放。将各种调料搅拌均匀，再倒入些营养又鲜美的筒骨汤，那麻辣鲜香的小面汤料才算完成。

　　当一碗热气腾腾、令人垂涎欲滴的重庆小面端在你面前，强忍着，先来细细观察一下，饱一饱眼福。

　　只见那红如玛瑙般的汤中，沉着米黄色的面条，被那红汤映得接近红色，汤面上飘了些绿油油的青菜和葱花，更显出那汤的鲜红，似绿叶衬红花。这碗面，远远望去犹如一块价值连城的雨花石，红绿相映间，那一颗颗花生粒成了点缀其中的花纹，让它无比吸引人的胃口。

　　终于，开吃啦！

　　还未吃到面条，花生、芝麻所散发出的香味已扑鼻而来，让人胃口大开。吸一口面汤，那辣味儿直入胃里，顿时感觉来到夏天，奇热无比，脱去外套继续吃。用筷子卷起一卷面条，放入嘴中，慢慢嚼，那麻辣味儿随着唇齿间的蠕动，缓缓扩散，从舌尖到全身，都被那浓浓的麻辣所占据，豆大而滚烫的汗水不断滴下。吃口青菜解解辣，可想不到那不怀好意的"小小地雷"——花椒小粒，不知何时已埋入菜中，只等我上当，我一口咬下，嘴唇都颤抖了起来，天哪，真麻！可即便这面再麻再辣，也止不住我吃面的脚步。

　　在寒风中吃一碗重庆小面，顿时热血沸腾，全身暖和。

　　真希望在所有寒冷的日子里也能吼声："来碗正宗重庆小面！"

童年小趣

王雨薇

　　童年里发生的有趣的事情很多，给我印象最深的那件事如今想来还是忍俊不禁，直到现在看见我家的小猫咪时，我总会捂住嘴，偷偷笑几声。

　　暑假的一天，我在家闲得没事干，便和蹲在墙角的小猫咪玩耍。玩着玩着。我脑子突然蹦出一个大胆的想法：现在的人都流行染发，猫应该也可以。

049

　　我找出我的绘画工具箱，拿出"染发"工具，便向猫咪走过去。猫咪看着我走过来，抬着头，歪着脑袋惹人怜的小眼睛不明所以地看着我。我抱起它，把它放在椅子上，可它叫了一声，跳下椅子，又爬到地下。"怎么办呀，待会他一动，我的杰作不就坏了吗。"我又把猫咪抓过来，抱上椅子，用一根绳子绑在椅子上。猫咪好像受了很大的委屈，一直叫个不停。我摆出一副严肃的样子说：别乱动，苦尽甘来，现在受点苦，以后所有的猫都羡慕你的。平时妈妈就这样教我的。

　　该怎么染呢？对了，先把猫耳朵染成绿色，看起来很舒服，大方得体，然后我又把猫头中间的哪一簇毛染成黑色，我心里想：这样显得很有个性，跟得上猫时代的潮流。咦，还有翘得很高的尾巴，也许

是它迫不及待吧。我就用刷子刷成粉红色，这可是淑女的颜色，最后我把它的身体染成"天女散花"，我的作品真是天下无双啊。

我正沾沾自喜，妈妈回来来了看了我的作品又好气有好笑，我对妈妈说："这可是世界上最漂亮的猫呦。"妈妈笑着刮了我鼻子一下。

我爱棒棒糖

张蕊

050

每个人的成长道路，都伴着甜蜜与收获。你知道吗？我收获了许许多多的甜蜜——棒棒糖。

幼儿园时，我爱哭爱闹，弄得老师无计可施，只好带我出去玩。老师告诉我，只要乖乖听话，就会奖励我。她带我去玩跷跷板和滑梯。在玩的过程中，我不小心摔倒了，老师急忙把我拉了起来，询问我有没有事，我摇摇了摇头。老师笑了笑，从口袋里掏出一根棒棒糖，放在我的手心，说："这是给你的。"那根棒棒糖很甜，充满了鼓励。

小学时，又一次我被罚留下来写作业，我一个人坐在座位上，内心仿佛掉入了深渊。望着空荡荡的教室，静得好像连自己的心跳声都能听得一清二楚。不知怎么的，鼻子有些酸。唉，没办法，还是写作业吧。当我翻开书时，突然有一只熟悉的手放在我面前，手里攥了一根棒棒糖，之后随着一声"给你"，手也慢慢打开了，然后迎上来的是一张充满笑意的脸，原来是我的好朋友，我毫不客气地拿走了她手上的棒棒糖。"谢谢。""有什么不会的问我。""嗯。"那根棒棒糖很甜，充满了关心。

现在，每周一早晨，母亲总会早早地起床，为我做饭，她总喜欢为我煮一个鸡蛋放在早餐上，然后她会叫我起床，洗漱，吃早餐。她总是盯着我将鸡蛋吃完，最后叮嘱我要好好学习，直到看不见我的身影，才回到家中。她还经常在我的口袋中塞几根棒棒糖。那些棒棒糖很甜，充满了期待。

我享受棒棒糖在口中融化的"甜蜜"，更享受棒棒糖带给我心灵的"甜蜜"。有你相伴，真好！

难忘我的小伙伴

051

张浩泽

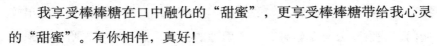

窗外，又是秋，每每到秋天，我都忍不住想起故乡林荫道下童年的情景。

几年前的故乡，还只是个小城，从南到北或许还没有南京的中山路长。因此，自行车是最好的工具。

每当幼儿园放学后，坐在母亲的车后座上，看着自行车在林荫道上行驶着，秋风将落叶带到地上。童年的我，盼望着向母亲一样，骑着自行车，穿过大街小巷，今天想起来，那确实很可笑。

十岁那年，我终于能骑着自行车上路了！尽管自行车对当时身高不到一米六的我来说有一些庞大，但这算不了什么！整整一个暑假，我都在钻研着自行车。无论是家人、邻居还是朋友，都用两个字来形容我"车迷"。

不过，这都无所谓。刚刚五年级的时候，我骑着自行车穿过大街小巷，去上学、去书店。那辆米黄色的自行车就这样陪伴了我整整一年，在这一年中，它目睹了我的喜、怒、哀、乐，他也是我成长中的一部分。

最难忘的还是那一个星期五，到我打扫卫生又恰逢卫生大扫除。结束时，已有五点多钟了，我推着车子慢慢地向校园外走去。刚出校园门，我发现公交车站旁有一个熟悉的身影，走近一看，哈，原来是邻居家的朋友。"你怎么还不回家？""今天前面修路，公交车改道了，我正愁着怎么回家呢。""那怎么办呢？要不你坐在这儿，尽管有点难受，我骑慢一点，应该没什么问题。""哦，那太好了！"夕阳下面，两个孩子，一辆自行车，在大街上慢慢地前进，二十分钟的路程今天骑了半个小时。好了，到家了，将车锁好，我们俩一起上了电梯。"今天多亏了你，要不我还在公交车站等呢！"邻居说。"没事的！"我心里乐滋滋地回到了家。方便了别人，也快乐了自己，有它，真好！

直到今年暑假，我将它擦拭干净，抚摸着我的小伙伴，不舍地用那熟悉的锁，把他拴在车库里，盖上了布，离开了故乡。

坐在南大的长廊上，落叶正随着秋风在空中舞动，闭上了眼，仿佛又回到故乡，仿佛又回到了那条林荫道，仿佛又回到了童年。

在成长的相册中，曾经有一辆自行车陪伴着我。

永远温和的你

李万田

我想写写我的丁老师，可是我的笔太稚嫩了。然而我还是想写写他

已过而立之年的老师，总是静观人事的变迁，一副茶色眼镜隐去了所有的喜怒哀乐。平静如水的脸上偶尔泛起细小的涟漪——一声"老师好"后报以的微笑。

老师总是静静地走进教室，轻轻地关上门，默默地绕教室一周，而后走出去站在走廊上。似像一潭平静的水，又如一尊慢慢移动地雕像。他凝视着远方，是在思考问题？是在展望未来？还是在感慨曾经的往事？

在我印象中，老师从来没有用粉笔砸过我们，从来没有拍过桌子口中冒火，顶多说句："你的卷子没写完，我给你几天时间了？"

老师的记性很好，他记得住你上次考试进步了几名，记得住你为班级又拿了什么奖状；老师的记性也很坏，他记不住你打破了玻璃，记不住你忘记了扫地……学生的一点点进步都看在眼里喜在心头；我们的过错融进他的大海一样的胸怀，化作股股清泉冷却你发烧的大脑："记住，下次别这样了，做事情要考虑后果，要像个学生的样子！你是个很有潜力的学生，继续努力，你会进步的。"

老师经常给我们讲报纸上的新闻，用鲜活的事例教导我们。他十分严肃，教室里惊奇、激动的我们衬托的是平静的他……

老师没有给我们说过什么"豪言壮语"，没有把教鞭敲断的"伟大功绩"，但那朴实的话语常常撞击着我的心扉："父母把所有的希望都寄托在你们身上，当他们冒雨接送你们时看到你们不好好学习，他们的心里好受吗？"老师，您用朴实的话语让我们体会了父母的苦心。

老师的板书呈直线，明快而流畅；老师的卷子多而不乱；老师的衣服整洁干净……

哎！温和的丁老师，有些想念您了！

老师不在的时候

054

俞向远

星期四早晨，我和往常一样，开开心心地背着书包走进教室，发现音乐老师胡老师站在教室后面看着我们，我很疑惑：班主任史老师呢？

过了一会儿，胡老师走了。内心一阵窃喜，终于可以放飞自我啦！想必每个人的想法跟我是一样的吧！你瞧，老师才走了不到几秒钟，班级里就有人起哄了。早读员喊小马背书，小马一下子跳了起来，问："背什么？"早读员瞪了他一眼，说："背第九课的第一、六两小节。"小马翻了翻白眼儿，断断续续地回忆起来："嗯……这个……"大家都哈哈大笑，小马眉头紧皱的样子实在有些滑稽。很简单的内容他居然背不出来！大家的笑声越来越大，有的捂着嘴巴吃吃吃地笑得很文雅；有的捂着肚子前仰后合，嘴巴长得老大；还有的伸出手指着小马和同桌大声地说着什么；最靠近小马的两个同学索性离开了座位，故意把书捧到小马的眼皮子底下给他看……乱成一锅粥！

这时，早读员和班长早已气得火冒三丈，怒气冲冲地在黑板上写下了"马××抄第九课一遍！"我吓得一个激灵，鸡皮疙瘩都冒出来了，心想：老师说过她不在的时候班长可是有"生杀"大权的呀。千万别记我的名字啊，不然惨啦！这时，洪亮的读书声的中夹杂着怪腔怪调的狼嚎声、猪叫、娘娘腔声，不时惹得我们哄堂大笑，气得班长怒不可遏。我定睛一看，原来是小杨、小陈和小王几个家伙在哄闹。尤其是小陈，他根本没捧书，而是在扯着自己的两只大耳朵，皱着鼻子、鼓着嘴，发出一种活像猪叫的声音。他的同桌早就笑得直不起腰来了。我也忍不住笑了起来，猛地又想起"抄书令"，赶紧捂住嘴巴，把头缩到书后面，生怕班长看到，但是还是忍不住，憋得我肩膀都抖起来了。这时，班长一声大吼："杨×、陈×、王×，你们几个也抄课文！"这些怪异的声音才终于消失，我暗自庆幸。

今天早读的这一出好戏真是难得一回看，平时是怎么也看不着的呀！

哎！原本我以为会很开心，实际上突然有点儿想念班主任在家时的那个班集体，希望以后的我们能自觉安静一些吧。

055

零食之友

李章宁

在我们班，总有那么些人。他们有的上课调皮捣蛋，有的十分话痨。我今天要讲的，绝不是这些违抗老师规定的"勇士"，而是一个比上述的那些人更有趣的一位———一个吃货。

"同学们，今天我们来学习——咳咳，嗯？"刚一上课，老师一句话还没说完，讲台下就一片骚动。趁这机会，"那位"偷笑着掀开抽屉，悄悄地从口袋里掏出一包零食，又从下层抽屉里将一盒果汁取出来，偷偷摸摸地用手抓着，放进了上层抽屉中。忙完这一切，她又轻轻地合上抽屉。动作熟练至极，令我望而生畏。

我记着笔记，眼角的余光向"那位"瞟去，看见她正不安地坐在座位上，扭来扭去，仿佛座位上有钉子似的，右手握着笔也是颤颤抖抖，左手摊在大腿上。嗨，不用说！一定是那位的"馋瘾"犯了。我偷笑，直到后脑勺被老师拍了一下，才又专心地记笔记。

不多时，老师回到讲台，又开始激情澎湃地讲解题目。果不其然，"那位"要开始行动了。只见桌面被掀开，她只用右手扶着桌面，把它固定在正好可以挡住老师视线的地方，左手熟练地伸向抽屉底部，从摆在固定位置、被撕开一道极方便手指进出的口子的零食袋中，驾轻就熟地用食指、中指夹出两个或三个零食，以迅雷不及掩耳之势，送进了微张的口中。就好像高速运转的机器一样，闪电般地咀嚼了几下，吞进腹中，又再次将左手伸进抽屉，一摸索，把插有吸管的那盒果汁从抽屉的一角取了出来，提至嘴边，咬住吸管，吸了两口，把果汁放回原处。来不及细细品尝，就那么混合着零食的残渣，咽了下去。满足了，右手合上抽屉，左手顺势从抽屉里书堆的最上层带出来一个练习本，把练习本放在桌面，让人感觉好像在这么一小段时间里，她在找本子。

这么一位"零食之友"的"作案"技艺着实让我惊讶。可是这种走哪儿，零食就带到哪儿，连上课都不愿意放下手中零食的精神，却让我汗颜。还是希望这种"旷世奇才"收敛一点比较好。

是你教会了我

李伟瑄

每当天空泛起丝丝小雨，划过我的眼角，我总会记得你，带着泪继续前进。

是你，教会了我，成长的过程是痛的，结果却势如破竹般美。

你是我小学时的班长，更是第一个关心我的人。小学时我孤独惯了，是你，主动找我交朋友，为我打开了一道心门。

你身为一班之长，不仅自己努力，更带动他人前进，在别人失落，给予温暖伸出援手，班上几乎没有人不喜欢你。

可是，就是这样的你，哭了。

六年级的一节科学课，你终于因为顶不住来自学校学习的压力，准备订正一会作业。可仅仅如此，你旁边的一位同学开始嘲讽你，什么班长，不一样上课写其他作业。

你立即停止了，并向那位同学道歉，并认真听课，可是那位同学却不愿息事宁人，又在旁边说了几句尖酸刻薄的风凉话。

或许你觉得到你的努力在他人面前一文不值，那样的你，哭了。

我忽然意识到，你也是平凡世界里，那平凡的人啊，你趴在桌子上，头埋着，没有注意到你哭了。

一个人孤独的哭，大概很寂寞吧。

我回过头去，轻轻拍了拍你，别哭了，别伤心。

你立刻抬起头来，抹掉眼泪，是啊，不能哭，也是时间。

你红着眼睛继续学习，不再管耳边的风凉话，我的心也随着你坚强了，因为你教会了我，真正的强者，即使带着泪也要走下去。

成长是痛的，可是你却教会了我，成长是美的，我仿佛明白了，你每次优秀背后的付出。

天，又晴了。

未曾忘却的……

张芳玲

暑假，我到奶奶家玩，奶奶拉着我说："我很好，别担心，你上学辛苦要注意身体，你从小身子就虚，吃点好的！"可是，奶奶的饭桌上，我却只看到了一小盘咸菜孤独地摆着。

那是一年夏天，天空中乌云密布，雷声震耳。我感觉身体不舒服，就唤来了奶奶。

"啊呀！怎么这么烫！"奶奶用手抚摸着我的额头，又用下巴贴在我的额头上。

"走！咱赶紧去医院！"奶奶不管三七二十一，拉着我的手准备往外走！

"可是外面要下雨了！"

"不要怕，有奶奶在！"

奶奶推出她那辆三轮车，在上面铺上一层被子，然后把我扶上三轮车，用毛毯把我包住，然后在我头上支了一把大雨伞。

走到半路，果然下起了雨，雨虽然下得不大，却也淋湿了奶奶的鬓发。

"奶奶，把雨衣穿上吧！"

"不要紧，马上就到了……你别动，在被子里待着……没被雨淋着吧……"虽然我的头顶着有大雨伞遮着，可是，不知怎的，我的脸上湿湿的……

到了医院，看了医生，吊了点滴，走出医院的时候，天空也放晴了。

"小小，饿了吧？那边有家面店，我们去吃一点吧。"奶奶带我到面店，点了我喜欢吃的长鱼面，自己却在旁边傻傻地看着我吃。

"奶奶，你不饿吗？"

"奶奶不饿，早上吃了好几个大馒头呢！"

……

回到家后，奶奶就让我回房休息。躺下后，突然想上厕所，经过厨房的时候，我瞥见奶奶正端着一碗白米饭，桌上也是这么一小盘咸菜。

这件事过去已经很多年了，我因为上学，也搬到了镇上，和奶奶分开住，可是，我从来没有忘记那一年的夏天，奶奶的那句"别怕，有奶奶在！"……从来没有忘记奶奶鬓角的雨滴……从来没有忘记奶奶桌上的那一小盘咸菜……

秋天的想念

虞艺凡

傍晚，母亲给我递来一杯热水，跟我去楼下散步。母亲指着路旁的梧桐说："深秋了，梧桐叶就快要落尽了。"我握了握手中还热乎的水，看着梧桐飘落，仿佛又回到了那年秋天。

儿时，父母忙于工作，把我寄养于爷爷家。爷爷家的院子里，有一颗梧桐树。一到秋天，树叶飘落，满院满院都成了落叶的主场。爷爷和我，每到这个时候都会拿着扫把来赶走这些落叶。爷爷拿着大扫把，我拿着小扫把，一个扫一个学，样子十分滑稽。但我坚持不了多久，就捡地上的树叶玩了起来。那时我觉得落叶金灿灿多可爱啊，长大后才明白落叶是深秋中萧瑟、悲凉的代表。

那年秋天，父母急急忙忙的动静吵醒了我。母亲把我抱起，我清楚地看见了母亲额头上豆大的汗珠。父母带着我急匆匆地赶往一个地方，一个有着红十字架的地方，原来那里是医院。是我最讨厌的地方，充满了消毒水的味道和一个充满了离别的场景。

我不懂我来这干吗，只想赶紧离开这儿。父母停住了脚步，透过窗口望过去，就看见爷爷躺在洁白的病床上，很安详。

爷爷去世后的一个月，下了第一场秋雨。雨点在叶子上打转，叶子随着狂风一点一点地飘落下来。一片又一片，随着风儿吹动，随着雨点打落，随着人们的踩踏……慢慢地消失了不见了。这让我想起了那个躲在角落里哭的人，那颗高大的梧桐树，那对滑稽样子的祖孙。

又是一片梧桐落下，落在我的肩膀上。不知什么时候开水已凉。

一 对 身 影

李睿涵

"摇啊摇，摇啊摇，摇到外婆桥……"

傍晚时分，旧时的青石路上，一对被夕阳拉得修长的身影，伴着童年的歌谣再次映入我的眼眸。

"哎，慢点跑，别摔了。"外婆一手领着满篮子的菜，还要顾着前方不倒翁一样的小肉球，便一把抱起了她，外婆的怀抱，真暖。

还是那条石板路，却已是我搀扶着腿脚不利索的外婆，外婆饱经风霜的手紧紧地握着我的，有些生疼，却异常满足。

我与外婆一起上街买东西，说直白点就是为我买零食。进了超市，外婆习惯性地拿了一个篮子，我却一把抢过，还对她说："我来吧。"我知道从前都是外婆照顾我，现在我大了，我要照顾她。

我随意地挑了些饮料，无非就是酸奶之类的，便想离开，外婆却不厌其烦地让我再买一点儿，可她是真的不知道，我只是想为她省点儿钱而已。有许多次外婆想从我手里接过篮子，我却拒绝了，像呵护什么东西似的把篮子抱在怀里，只有我知道，我在呵护外婆，想减轻她身上压了多年的担子。

回家的路上，外婆还是如往常一样，一样地牵着我的手，背后就是夕阳，随着两道身影的拉长，我与外婆一路絮絮叨叨地，慢慢地走着，已不再是外婆唱歌谣给我听，而是我听着外婆聊着家常。

依旧是一对身影，早已换成比外婆高半个头的我守候着她，我长大了，有足够安全的港湾去为她避开风雨，为她承担压力，我就已经心满意足了。

翩翩芒花爱相随

　　林清玄先生回乡，才发现旧家前的芒花仿佛飞来开在母亲的头上，母亲的头发已经花白了。而我的母亲也以我不知道的速度在慢慢变老……

芒 花

——读《愿你归来仍是少年》有感

迟伊源

　　"不久前，我回到乡下，看到旧家前的那一片芒花已经完全不见了，现在那些芒花呢？仿佛都飞来开在母亲的头上，母亲的头发已经花白了，我想起母亲年轻时候走过芒花的黑发……"这是林清玄先生在《飞入芒花》中的一段话，因为父母喜欢读书，我偶然间书架上发现了这篇文章。

　　文中那个为孩子们讲故事却被飞舞的芒花吸引而久久不能忘怀的妇女，仿佛一下回到了懵懂恋爱时期的少女一般，她能不被生活的平淡和不如意泯灭自己欣赏美的本能，年轻的母亲与孩子在沉寂月光下和翩翩芒花相随；与孩子在溪畔野地采摘野花；芒花的轻软伴随着日常的点点滴滴，而逝去的岁月，也把纯白的芒花化作了母亲的银丝。

　　翩翩芒花，承载的是母亲付出的一生，飘入儿女的心田，滋长出一份温馨，文中的母亲温和，能吃苦，把全部的爱倾注给孩子，却又很少顾及自己。

　　这也是天下所有母亲的共同点。天上母亲谁人不平凡，而谁人不伟大。在林清玄先生的文字里，我看到了那个紧紧搂抱着孩子大步流星地四处求医的母亲，看到了那个因为孩子摔下桌而担心得快要没命的母亲，看到了那个牵挂孩子远在他乡吃不好穿不暖而寝食难安的母亲……从他们简单朴素的话语中我也感受到了自己母亲对我深深的爱。

我的妈妈，熟悉我一切的人，时刻关注着我的成长：肚子饿了，做一碗美味；衣服短了，买一身新的……每次伤心彷徨时，母亲所扮演的角色便是用温暖的手抚摸我，给我鼓励安慰，把我从悲伤的漩涡中拉出。而当我快乐时，妈妈却喜欢静静地望着我，眼里闪烁的是一种幸福的光芒。

而我，却是最不了解妈妈的人，生活中的种种不愉快往往会发泄给她。林清玄先生回乡，才发现旧家前的芒花仿佛飞来开在母亲的头上，母亲的头发已经花白了。我的母亲也以我不知道的速度在慢慢变老……

母爱的含义太深，我想，只有时间才会了解。

献给天下所有的母亲，谢谢你们给了我们最无私的爱。

阳光的香味

杨娉婷

他开心地笑了，说："这不是稻子的气味，是阳光的香味。"

微凉的秋夜，我独坐在窗前品读文章。读过这段话时，心中流淌过的似乎是那一丝丝阳光的温暖。我立马起身打开衣橱，翻到在层层叠叠的衣服底端已经泛旧的一个小盒，轻轻地将它开启，若有若无间，我似乎也嗅到了作者所提的"阳光的香味"。

小时的我体质较差，特别是在冷热交替的时节，一着凉就容易生病。尤其是在洗澡之后，冰冷的衣服一套在身上，我就喷嚏连天，以前为此妈妈也是操碎了心。后来妈妈想到了一个法子，把要穿的衣服先放在阳光底下晒上一天，洗澡时，妈妈就把衣服放在怀里，用体温为我焐着。这样，衣服也就有了妈妈的体温和阳光的香味，穿在身上暖暖的。那时的我极其贪恋这样一种味道，我一遍一遍地嗅着，深切地嗅着我的衣衫，阳光的香味在夜的空气里一圈圈地晕染开来。那是一种无法令人形容的香味，似乎中和着花香，草香，泥土的芬芳；还伴着温暖，使人觉得无比留恋和亲切。好似人的一种本能，我像婴儿见到乳汁般吮吸着阳光的香。此时此刻，我仿佛在被温暖包围，感受不到一丝一毫的寒冷了。

后来，我渐渐长大了，十岁以后体质也好了，再也不用妈妈为我焐衣衫。可我天真地以为这阳光的香味可以留下来，我把一件已经不再合身却被妈妈焐了一次又一次的睡衣放在了这个小盒中，盖上盒盖，以为自己就此锁住了阳光的香味。

再到后来，我也明白保存住阳光不过是个童话，衣服也被我遗忘在了衣橱的角落。偶然再打开时，我没有细闻它，而是遵循了妈妈的建议，把它又重放在阳光下晒了晒。几个小时后，我抓住衣角，轻嗅，好像又回到了当时的感觉……

在那一刹那，我明白了，那不过是接近于体温的母爱，用阳光在衣服上镀成了永恒的香……

那，就是记忆中"阳光的香味"。

咱家的羊肉砂锅

李 奕

俗话说"民以食为天"，我可是名副其实的"小小美食家"，作为资深小吃货，光是美食的名字，我就可以说出近百种。

然而最爱的美食还是妈妈的一碗羊肉砂锅了。

羊肉砂锅的看相极好，晶莹的粉丝泡在米黄色的汤里，深黄色的羊肉伴着黄色的油果，泛白的大白菜，绿色的香菜散落在其间，在蔬菜的映衬下，羊肉更显得格外引人注目，真是令人口水挂"千尺"呀！

067

妈妈是个热心肠，来客人了，总要把自己拿手菜端出来的，羊肉砂锅自然是要出场秀了。只见她娴熟地先把熟羊肉切成块，让它们一个个"跳"入热气腾腾的水中热热"身"，随后就利索地把它们捞出来。将一把洗净的粉丝放入竹制的漏勺里，在已熬好的热汤中来回晃动，烫上一会儿期间加入大白菜和油果。接着将羊肉和粉丝倒入碗里，再捞出一些大白菜和油果。每次看到妈妈操作的时候，我总想跃跃欲试。妈妈总说"等你长大了，会有机会让你做一碗汤给我尝尝的。"我来不及沉浸在长大后我孝敬她的画面里，第二道工序开始了，锅里倒入油，撒进干辣椒、花椒和姜片，等油在八十度左右时，把碗里的羊肉、粉丝、大白菜、油果放入锅里翻炒几下入味儿，一起盛入碗中，加入羊肉汤，最后加上我们家独门秘制的辣酱，稍稍搅拌，撒入一些香菜，一碗地道的羊肉砂锅就完成了，光是闻着那香味儿，就鲜得你掉眉毛啦。

吃羊肉砂锅，也是很讲究的。吃羊肉时，我喜欢用大白菜夹着羊肉一起吃，可真是美味无比呀！吃油果时，我喜欢把油果先放在加入辣酱的浓汤里，待油果子吸得饱饱的，就是我牙齿报答舌尖的时候啦，那感觉，就像炙热的夏天舔上一口冰激凌那样带劲儿！真是麻辣鲜香、油而不腻呀！

每一次我吃羊肉砂锅，嘴巴还没过足瘾胃已经迫不及待，不知不觉一碗羊肉粉丝就被我这个"馋猫"吃完了。

我离不开这样的鲜美，离不开妈妈的羊肉砂锅，我的童年需要这样的色香味俱全！

在路上，总有那么一盏灯

方　正

还记得那一条小路，只有我两只脚同时站上去的宽度，你总是提着那一盏灯，你在前面，我在后面，那一盏灯，在中间。

小时候的我，很是顽皮，晚上经常不回家。而我的爸爸，一个宽厚、老实的中年汉子，每天晚上，总是提着那一盏灯来找我，久而久之，这便成了他每天必要的工作。而每次他来找我，我都会躲着他，但每次，不论我躲在哪里，他都能找到我。

那天下午，下了一些小雨，我照常不回家，穿过一条泥泞的小路，在我的"世外桃源"忘乎所以地疯玩着。到了傍晚，雨越下越大，小伙伴们都急着往家蹿，而我，则固执地站在原地，习以为常地等待着那一盏灯的到来。

"下这么大雨，你爸爸不会来了，我们快回去吧！"

我不信，我知道，他一定会来的。

忽然，一点微弱的火星映入眼帘，忽左忽右，忽上忽下，近了，近了。虽然下着雨，我依然调皮地躲了起来，他还是不费吹灰之力地找到了我。

"无论你躲到哪里，我都能找到你！"

回去的小路上，长满了草，因为下着雨的关系，草上十分滑，加上它的宽度只有我两只脚同时站上去的宽度，需要十分小心才行。我和父亲，侧着身子，父亲在前，我在后，那一盏灯亮在中间，照亮了我脚下的一方空间。

那年秋天

李东健

萧瑟的秋风中，窗外的叶越发颤了，空中飘舞的，是片片黄叶，落叶归根了吧。凋零的秋，勾起阵阵回忆。

那年校内，满是银杏的秋天很热烈。仰望枝头淡黄的银杏叶，轻轻地，不失淡雅，味道依然如故，缓缓地，潜入鼻间。坐树底下，抬头看着老树，粗糙的枝干，可想它是经历过多少风吹雨打呀。它不像

翩翩芒花爱相随

松树那样青翠，亦没有柳枝的妩媚，怎奈在这个秋天，金灿灿的让人陶醉！

听说，学校这老银杏不是人栽的，那我想，这般独自生长，定是寂寞的，巧了，巧了，我曾顽皮地划过几道印记，或又正因如此，上面伴着我不可磨灭的印记，于是我注定也是孤独的。也许不是的，经过时间的轮回，经过漫长的岁月，印记可能早已消逝，它是一段历史了，被存入了记忆的大门。

俯身拾起一片银杏叶，用手轻抚，如此熟悉，叶脉亦是清晰可见的。又如此陌生，毕竟不是学校的银杏了。转学的那一刻，注定回不去了，老师的关心、同学的友爱，银杏的热烈一去不复返了。终有散去的一日，只留下孤独的我面对新的六年级。

我将银杏叶放在手心，轻轻吹去，吹走那年的秋天的记忆。

记忆的大门缓缓关上。那年秋天，我不曾离开。

070

那掌声，我永远的记忆

王　妍

阳光灿烂的今天让我想起了那个让我记忆犹新的下午。

那个下午风和日丽，阳光明媚。河水在微风的吹过下泛起阵阵波光，柳条划过河面，仿佛是婀娜多姿的少女。课堂上我们欢声笑语，笑容都无比灿烂。当"难题"来时，剩下的就只是那严肃的脸。

这个"难题"其实是老师给我们布置的一次任务。为锻炼大家的勇气和自信的一次演讲。这使我犯了难。远望，那蔚蓝的空中飘着洁白柔软的云朵，我的心却被阴云笼罩着。在时间的流逝下，一位一位同学讲完又被掌声迎下来，可就当到我的时候，我的心中就像有一道迅雷不及掩耳的闪电划过，紧接着就是倾盆大雨。我慌张了起来。

　　我站在讲台上，紧张得连嗓子都哑了，我的目光始终不敢向前看。仅是开头的自我介绍就使我的手心攥出了汗，舌头还与牙齿在"打架"，心在不停地乱跳，快说不出话。我在这"危急"关头时，有一份掌声突然响。我抬起头发现那掌声来自于我的老师，她在对我笑，为我加油鼓励，这就像那阴云中透过的一缕阳光，这便是我有信心，成为我继续"前进"的动力。

　　我又开始说，起初声音是低哑的，但老师始终对我的都是笑容，这让我有了勇气。声音是由弱变强。直到最后一刻。最终一片掌声响起，预示着我成功地完成了这次演讲。此时心中的那片阴云散开，雨过天晴。

　　那一份掌声是我难以忘记，它鼓励着我继续前进。

071

　　今天阳光明媚，微风阵阵吹过，也让我想起那个让我又慌又喜的下午。

我想要的自由

钱欣欣

翩翩芒花爱相随

　　初春，又一个初春，我仍被禁锢在这个小小房子里。我开始讨厌我的小学，开始讨厌我的家，我失去了自由。

我坐在窗前，面前铺着的是那枯燥无味的各种练习题。我的心烦闷异常，再无意做下去了。窗外，树枝刚发芽，迎春花却开得热烈奔放，白玉兰的枝丫上也长出了花苞，麻雀停在枝头正叫得欢，阳光慷慨地撒下，衬得清晨露珠熠熠生辉。

我想逃，逃到那鸟语花香的大自然中去，逃离这个禁锢我的地方。

老师的谆谆教诲犹在耳畔，让我做全班同学的表率，对我给予了很高的厚望；母亲的叮嘱也在耳边回响，好好学习呀，成绩不能下降，要给弟弟做个好榜样……所以，我就必须扮演一个好学生，一个好姐姐和一个好女儿的形象。

真的有点儿累，有点儿力不从心。刚结束的考试，我就像打了一场兵荒马乱的败仗。

我一遍又一遍地擦拭着窗户，尽管它不染灰尘，而我固执地擦了又擦，似乎通过这样的方式我便能从这里离开这儿。

终于在一个周末的午后，在父母无尽的责问和叹息之后，我悄悄地离开了家门。漫无目的地走，一直走，我发现了一片草地，那里有我渴望的自由：没有各种吵闹，只有鸟语花香；没有任何课业，只有蓝天白云，美好而静谧，活泼而富有生机。我坐在树下的草地上休息，正当我享受着美妙的一切时，一场雨毫无预兆地打了下来，越下越大，而我却避无可避。终于，我还是狼狈地回到了原本那个"禁锢"我的家。不见了风雨，不见了恐惧，我躺在床上，喝着母亲为我熬制的姜汤，我才发现，母亲的眼睛里满是担心和怜爱，原来，这个被我称之为"牢笼"地方是这样温暖安适。

如今，我依然渴望自由和美好，但我知道，我会用我青春的汗水去打造。

那一次，我成功了！

朱 上

　　盼望着，盼望着，一年一度的儿童绘画比赛快开始了，一向喜欢绘画的我这一次肯定不会失去这次机会的。

　　明天就要比赛了，我早就把画笔、橡皮等绘画工具准备好了。因为太着急，我就事先画了一幅水彩画，画面清新而又浪漫，美丽而又富有诗意。我的心平静下来，心里有了点儿自信。

073

　　第二天一大早，紧张的我又开始画了起来。这次我用油画棒画了一幅儿童画，画面颜色深沉，给人以沉重的感觉，好像犯了什么错误一样，我觉得画面应该更加明亮一点儿，虽然画得不怎么样，但是自信一直鼓励着我向前、向前。

　　早晨八点的时候，比赛终于开始啦！哇，这里的小朋友可真多呀，我的心猛地一惊，但是我很快调整好自己，脸上又扬起的自信，顿时战胜了胆怯的念头。

　　监考老师在前面说了些绘画的方法，绘画要注意些什么。成千上万的小朋友坐在那里，但是教室却鸦雀无声，连一根针掉在地上都能听到，这让教室的空气无比紧张起来，令人窒息！

　　终于开始绘画了，突然脑子里想起了和爸爸、妈妈去游乐园的情景。对！就画这个！我边画边笑，仿佛已经穿梭到热闹的游乐场里。

快乐的旋转木马；惊悚的过山车；热闹的碰碰车。一阵阵欢笑声，一阵阵大喊声。想到这儿，脸上的笑容格外甜美，像春天刚开放的话花，美丽而又羞涩，旁边的女孩儿轻轻地朝我一笑，我也笑了笑，好像是多年未见的朋友。

一个多星期过去了，成绩终于出来啦。我得了一等奖，那个颁奖的老师说："小妹妹，我从你的画中读出了一种亲情，亲情是无价的，这一点任何人都要向你学习！"说完她要一双白净的手抚摸着我的头。

那一刻，我成功了，原来自信能给我一股强有力的动力！

我不是差生

顾 想

我是一个差生，差到在班上没有朋友，差到今天春游竟然没有人告诉我。

你也许会问，老师在班上说了好几遍的呀，你不知道吗？哦……啊……还是那个原因，我是一个差生，差到上课睡觉，下课梦游，所以，老师说的什么，我……什么都没听见。

偌大的一个操场上，同学们大包小包，两手空空的我，更显得另类。无所谓，我是差生嘛！

班主任，正慢慢地走向我，左手一个包，右手一个包的……她在对我笑……呵呵，一定是在笑我傻吧，连今天春游都不知道……无所谓，笑就笑呗，我是差生嘛。近了，近了，更近了……还笑，还笑，还在笑，笑得我都不好意思了……

"逗逗……"她总是这么叫我，叫得我鸡皮疙瘩起一地。

"逗逗……"她又叫了我一声，"你看，老师背这么多东西，都累死了，你能帮老师拎一个吗？"

为什么让我拎，心里虽不乐意，手却不自主地伸过去结下了她手中的包。

"里面有面包、巧克力什么的，你尽管拿着吃……"

哼！我才不会吃呢！我才不稀罕呢！

……

"逗逗，把我包里的巧克力拿出来！"

我打开包，拿出巧克力递给她。

"逗逗，你也吃一块！"她递给我一块。

"我不吃！"我没有接。

……

"逗逗，你帮老师把这些饼干分给同学们吃！"

我不太乐意地接过饼干袋，递给其他同学。

"谢谢！"

"谢谢逗逗！"

……

咦，他们对我说什么？他们在谢我，我可是差生呢！

"逗逗，给你吃面包！"

"我不吃！"

"不吃不拿我当朋友！"

什么？我没听错吧？朋友？

我接过李明明手中的面包！

"逗逗，给你水！"

我接过黄凯手中的水！

"逗逗，给你……"

……

"逗逗，谢谢你今天帮老师拎包，要是没有你，老师肯定要累死了！"

"不用谢！"我说的声音很小，小到也许只有我一个人听得见。我转身跑进同学队伍里，觉得所有的同学都在对我微笑。

从小到大，参加过无数次春游，只有这一次，我至今难忘。因为，这次春游让我知道，我是差生，但我有朋友……不，我不是差生，不要再做一个差生了……

我心灵的甘露

翁　颢

我从小就喜欢读书，在妈妈的熏陶下，尤其喜欢读诗歌，每次背诵诗歌时连天地都不复存在的感觉。诗歌就像滋润我心灵的一滴甘露，缓缓浸润我的灵魂，伴同我成长。

当我漫步在书香满溢的诗词歌赋中时，我往往能窥见杜甫从书中走出来，向我展开他人生的长卷。"会当凌绝顶，一览众山小。"是青年的壮志人生；"感时花溅泪，恨别鸟惊心。"是凄苦悲惨的人生……你的人生是多么瑰丽多彩，你的人生如此沧桑。

读诗词，我开始领略"看庭前花开花落，望天上云卷云舒。"的超然；体会"人生自古谁无死，留取丹心照汗青。"的爱国情怀；想象"古道西风瘦马，夕阳西下，断肠人在天涯。"的那幅画面；欣赏"飞流直下三千尺，疑是银河落九天。"的雄伟……

父亲笑我年纪太小，很多诗歌小学生是不能完全理解的，可是我有秘籍啊！静坐书前，一直不停朗诵那首诗，脑袋里想象着诗里的画面，基本上就大差不差了。读诗歌，就像面对茫茫的大海，搏击知识的狂澜，要反复地去碰触，总有变成自己所有的时候。面对诗歌，我能领略到"海上生明月，天涯共此时。"那样浩大的知识海洋，诗中到处都是飘着自由气息的风帆，载着兴趣的风帆远行。

"诗"内存知己，每当背诵完一首诗，心灵的深处总是与一位诗人做了回朋友。

诗歌就是我心灵的甘露，我读诗，我快乐。

苦难是一种财富

戴雨浓

人生百年，没有能够一帆风顺，命运总是在我们前进的路上设下障碍。回首望去，我们经历的种种磨难，是神圣的，它是人生中的一种财富，闪耀着金色的光辉。

苦难是财富，它激励着前进。在《钢铁是怎样炼成的》中，保尔不畏困难，勇敢坚定就是苦难激励着他。他在战场上奋勇杀敌，不怕吃苦，为革命事业挥洒着自己的血水，这是为了什么？是因为他知

翩翩芒花爱相随

道，只有经历了苦难，才会成功，才会有和谐社会。这苦难就像是刺骨的冰水，使他时刻保持着大脑清醒，心智清醒，这才成就他伟大的人格。

苦难就是财富，它磨砺人的品质。保尔前后共经历了三次有生命危险的苦难，在最后一次中，他双目失明，一度崩溃，几乎想要自杀，但是，强大的精神动力制止了他，他学会了"扼住命运的喉咙"，坚强地面对生活，为他开辟了一片新的天空。苦难，给他留下了如玉般纯真的品质——乐观坚强，留下了他生命中该有的伟大。

所以说，苦难是人生中的一大笔财富，而我们需要一辈子学习这样的精神，从小做起，从自己做起。

有你相伴真好

孔令猛

有你相伴，真好。语文——我的第一门"乳"科。

在语文的学习旅程中，我看到了千里冰封，万里雪飘；名人的演说风采；古代名著的精彩片段………

在旅程中，我可以尽情地遨游。生活有多么广阔，语文的世界就又多么广阔。在课上，在书上，在课外，在生活中，在任何地方我们都可以学习语文。

语文无处不在，我们的学习其他的科目，可以看到语文的"身影"，学习本是一件美好的事，有了语文变得更加美好。

语文，你陪伴我六年了，在这六年中，有过许许多多的点滴，有过不知语文为何物？有过念"ａｂｃｄ"是的童趣，有过第一次语文考试的稚嫩，有过交不出作文的记录……

语文你陪我度过无聊的闲暇时刻，陪我度过那黎明前的"黑暗"，陪我度过那即将到来的成功。

语文你是那黑暗中的明灯，照亮我前行的路；你是那船上的雷达，指引我驶向光明；你是那雪中的煤炭，温暖我的冬天；你是生命中那一缕春风，吹绿我思想的新芽……

语文，有你陪伴真好，陪我度过那无聊的闲暇，遨游在那无边无尽的"学"海洋。

语文，有你陪伴真好。

遇见你便陪伴

胡永路

每次看到你，都是那么欣慰……

每一次看到你，都感到亲切；每一次看到你，都感到愉悦，内心充满着无穷的力量。你的内心充满了知识，一眼望不到尽头。

歌德曾说过："一书一世界。"儿时的我喜欢那种与纸张磨搓的感觉，心中有着一阵莫名的悸动，用一双好奇的眼睛往你里面窥探。不知不觉，爱上你那指间的世界。闲暇时翻阅着，跟着你童话般的思绪行走着，想象着那美好的一切。你让我想到海面上盖着一座水晶

翩翩芒花爱相随

房，里面住着你和我，想象着我在和你倾心交谈……彼时的你和我，幼稚而又可爱，懵懂亦很快乐。

从那时起，我便爱上你，爱上与你一起行走的感觉爱上你与我一起在知识海洋里航行的爽快……

现在读着你，不为黄金屋，更不为颜如玉，为的只是你的思想，你那指间的一行字，韵味十足，令人回味……

你是大千世界的缩影，你将无限的世界归置于有限当中。你有时带着我在天地间游走，带回阳光和雨露，浇灌着干涸的大地；你有时带着我行走于世界各个角落，感受生命，带回一股纯净的空气，最后让我乘着那一缕朴实的风归来。我感觉到你的亲切和温暖，感受到你给我曾经留下的脉搏，那"怦怦"的跳动声……

在午后无人时，饮一杯奶茶，我捧着你走向世界的深处。你让我看到历史的沧桑；让我感觉到世界的博大，让我窥探宇宙的浩瀚。

有你陪伴，真好——我的挚友——书，你陪我前行，渐渐长大。

080

夏

李　想

脱去厚重的外套，换上轻薄的衬衫。春姑娘迈着轻盈的脚步，悄悄地去了，少了些凉爽，多了份炎热。夏天来了！

早晨，是夏日中难得的一丝清爽时刻。当我们刚被树上的鸟儿唤醒时，天空才刚刚露出鱼肚白。谁都不想错过这美妙的时光，走，出

去散散步。河边的柳树姑娘也很聪慧呢，趁着这大好的时光，梳着自己长长的辫子，娇羞地看着水镜中的自己。可惜，这镜子已经没有春日那样的清晰了。哈！都被顽皮的荷叶弟弟给遮住了。他的玩伴——晶莹剔透的小露珠也跟着一起凑热闹，滑着碧绿的滑梯，"扑通"一声，滑进小河里，我仿佛听到了许多的欢声笑语。然而，在这小池之中，最引人注目的并不是他们，而是荷花妹妹。她们有的似乎故意不想让人看见她灿烂且红扑扑的笑容，羞答答的，躲在莲叶下，迟迟不肯开放。还有的大胆傲立在莲叶之上，盛开着，好不吸引眼球，让人陶醉，真是个"万人迷"！

夏日的中午，可就不像早晨这样令人心旷神怡。

太阳像个大火球，好像要把人烤焦似的，不给任何人情面，自私地散发着自己耀眼的光芒。每个人身上多少都留下了夏天的印记——汗。

但不久之后，雷和雨就打消了太阳想把人烤化的念头。雷声在空中隆隆地作响，一道道闪电划破灰暗的天空，千千万万个豆粒般的雨点倾盆而下。夏天的雨来得快，去得也快。看！天边悄然出现的那道彩虹，让我兴奋得手舞足蹈呢！雨冲淡了夏天的炎热，一切都变得清新宜人。

傍晚时分，家家户户，老老小小都出来了。厌倦了中午的闷热，都出来感受呼吸清新的空气。老人们坐在家门口扇着扇子，十分享受地看着眼前的一切景物。我们小孩子们呢？一个个忘记炎热都在追逐嬉闹呢。

啊！真是美丽而使人快乐的夏天啊！

一只鸽子的勇气

段玥含

午后，阳光暖融融地洒在爷爷家的院子里，我坐在小板凳上无聊地发呆。

这时，爷爷从厨房出来，手里抓着一把菜叶往院子里一丢，几只肥硕的芦花鸡一拥而上，争先恐后地享用起了它们的美食。鸽子们也想吃，可它们只要一飞下来，芦花鸡们就会瞪着眼睛，扑棱着翅膀，嘴里发出尖厉的"哦咯咯咯咯……哦咯咯咯咯……"把鸽子们吓跑，面对如此凶悍的芦花鸡们，鸽子们也不敢轻举妄动，只能眼巴巴地站在爷爷专门给它们搭的窝上干着急。

眼看着菜叶都要吃完了，站在窝上的一只鸽子突然"咻"一下飞到空中，然后以迅雷不及掩耳之势俯冲下去，从一只大公鸡的身旁叼走了一片菜叶。大公鸡不高兴了，它好像被伤了自尊，一只公鸡怎么能被这一只小小的鸽子从眼皮子底下抢走食物？大公鸡转过身，架起翅膀，气势汹汹地向鸽子"咯咯咯咯咯"地宣战。我想，鸽子肯定打不过公鸡，它一定吓得不敢再飞下来了。没想到，这鸽子定了定神，又从空中俯冲下来，在鸡的颈后一顿猛啄，反而把鸡给吓跑了。哈哈哈，这只大公鸡一定没有遇到过这么凶悍的鸽子！

鸽子又叼走了一片菜叶，却没有吃，我正觉得奇怪，它却飞到了鸽子窝旁，两张琥珀一样的小嘴从小洞里伸了出来，原来它是为两个嗷嗷待哺的孩子抢食物呢！

一切都水落石出，我明白了，这只小小的鸽子敢和比它强大的大公鸡争食搏斗，都是因为对鸽宝宝的爱，是爱让它充满了勇气！

小径边的新鲜事

周　璇

走过坑坑洼洼的石子路，右转到一边墙根爬满青苔的老墙上，那里有一条用碎瓦片填起来的小径，这条小径可以说是傍晚最热闹的地方了。

白天，你迈过这条小径，发现它比起其他石子路倒有个挺大的不同，就是香，追溯起源头，还得从小径边的几株花丛说起，谁也不知道那些花丛什么时候盛开在那儿的，但可以确定的是，没人照顾它，它仍然自顾自在那儿开着。这是一条平淡无奇的小径……

不同的是，夏夜里，这儿几乎成了茶馆，上了年纪的老人搬来一张小凳子，倚着墙根坐着，他们轻轻摇着蒲扇，吹着凉风，享受那份安闲。中年人则站着聊天，他们似乎有数不清的话题，滔滔不绝地讲着当天的新鲜事。他们偶尔也带着家里的小孩子一道来，孩子们并不满足于坐着休息，撒开腿绕着花丛跑，有时还会突然驻步在花丛前，忽闪几下明亮的眼睛。大概是被翩飞的蝴蝶吸引去了目光吧！聊天的人们也时不时地提醒着他们，"要小心点儿，别摔倒了！"他们也只是应着，即使被蚊子咬得满腿包，还是边笑着边追逐、嬉闹着。

　　星星眨着调皮的眼睛，不知不觉天又暗了几个色调，人们逐渐离去，回家享受夜的甜蜜。小径又恢复了平日的宁静，此起彼伏的蛙鸣声也给夏夜唱了一首安眠曲。

　　花丛中，那散发着清香的朵朵小花，也缓缓收起了花瓣。小径边，似乎每一天都上演着一件件相同而又新鲜的小事，拨动着人们心底最熟悉的那根弦。

084

美丽的蜡烛会唱歌

陶行知说："捧着一颗心来，不带半根草去。"我坚定不移地认为这句话是在说她——季老师。我们一定好好学习，天天向上，不辜负您的希望。

我心目中的好老师，如同蜡炬燃烧了自己照亮了别人；如同天空的北极星，为我们引导正确的方向；如同春雨，滋润了我们干涸的心灵。祝愿您开开心心度过每一天。

一支笔的信任

陈宇朗

已经进入期末复习了，大家都不愿错过课堂上的任一分钟，而我却因在课堂上玩笔被发现，那一节课余下的时间里，我一直都忐忑不安，玩笔，这可是重大违纪，语文老师会怎样处置我呢？

下课铃打响，大家都从紧张的复习状态中解脱出来，我的心脏却跳得愈发快。

终于，老师把我叫到了办公室。我提心吊胆，可……怎么没见老师掏出手机联系家长？怎么没见老师掏出本子记录罪行？难道又有什么新法子？

过了一会儿，老师打开抽屉拿出一支精致的笔。这支笔的颜色、外观都与众不同——竹状笔杆，上面等距刻了七个圆形的孔，笔帽上拴着一根红线，并系上一个无论是外观、形状、颜色都近乎完美的中国结！

老师拿着笔，双目炯炯，娓娓说道："这支笔老师送给你，希望你像这杆笔，如青竹一般，做一个乐观开朗一心向上的学生……"

我走出老师办公室，心头沉甸甸的…………凝视着这支笔，里面满满的，都是老师给我的信任与关爱呀！我怎这样对不起老师！这不是典型的"恩将仇报"吗？

从那一天，我一直将它带在身边，让它倾听我的呼吸声、心跳声，我相信，在成长的路上，它将是我的好伙伴，陪伴我上好每一节课，做好每一件事！

美丽的蜡烛会唱歌

张　蕊

"春蚕到死丝方尽，蜡炬成灰泪始干。"这句诗句唤起了我的思绪。让我想起老师那温和的笑容。

我心目中的好老师是一个对学生既严格又宽容的老师，对学生学习关心，讲究学习效率，关心学生平常生活，讲课细致的人。

她有一双慈善的眼睛，她有一头黑发，可没教我们多久便长出了许多白发，她笑时有一对小酒窝，她总是穿着朴素的衣服，却像天使一样呵护着我们，她总会告诉我们学语文要记住从多方面答题，语文必须活学活用。她总会在上课时，用幽默的话调动课堂气氛，计算我们回答错误或回答不出来，她不会批评我们，而是给予我们慈祥的微笑和鼓励。

她总会提醒我们注意保护身体。有一次，有一位同学被雨淋湿了，她搬来了取暖器为她取暖，还时不时问："你还冷吗？你有没有什么地方不舒服？"这一字一句不仅温暖了那位同学的心，也打动了我们所有人的心，也令我们久久不能忘怀！

陶行知说："捧着一颗心来，不带半根草去。"我坚定不移地认为这句话是在说她——季老师。我们一定好好学习，天天向上，不辜负您的希望。

我心目中的好老师，如同蜡炬燃烧了自己照亮了别人；如同天空的北极星，为我们引导正确的方向；如同春雨，滋润了我们干涸的心灵。祝愿您开开心心度过每一天。

花季教师节

章子玮

一年一度的教师节到了，同学们都在考虑着应该送什么礼物给老师呢？什么礼物更有新意呢？这无疑给我出了个难题，嘿，还是先写作业吧。咦，纸！我可以折纸给老师呀！不如玫瑰吧！

"纸"无论是对老师还是学生，都是密不可分的，用纸折不失为良策。在这五彩缤纷的颜色中，选红色是最能代表青春和热情的。

首先将纸的每边对折三次，折出六十四个正方形，有时候，教书和折花也有许多相似之处，要在中间的四个正方形中，折两个更小的正方形，折痕多了，就要用力把它折明显，当老师遇到屡教不改的学生时，就应该严厉些，下次学生的印象就更深了。然后在两个正方形之间折一个三角形，一定要刚好这到点上，不能偏左也不能偏右，否则就会使花的每一边大小不一，老师也会教我们最严谨的回答问题，思考更全面。折纸的步骤越来越多，我的手也不禁酸了起来，在我们写作业的时候，总会有同学抱怨："天哪，这作业也忒多了吧，什么时候才能写完呀？"但是想想那伏在案前，戴着眼镜为我们批改三十四份作业的身影，有什么理由抱怨太多，太累的呢？我们又在这里抱怨什么！最后就是固定了，将纸的一角塞到另一角的空当里，这就需要慢慢来了，不能用蛮力，一不小心就会破，有时候，就像老师们，从未大声训斥，有的都是耐心地教导，温声细语。

啊！玫瑰花成功折完了。最外层是八片花瓣，每一片都包裹着花心，是老师的保护，再往里是四片主要花瓣，它们连接着外层的八片花瓣和最中心的花蕊，正中间那突出的花蕊，它是我们学习、生活的结晶，是使花开放的更美丽的主干。

折一枝花，送给最敬爱的老师；道一声"辛苦了"，送给一生的点灯人。

父 亦 师

吴润蕊

089

我爸爸，是一名普通的教师。他没有做过轰轰烈烈的大事情，也没有太多的光荣称号；他不高大，不英俊，也没有美妙的嗓音，但他却让我为他而自豪。

我自豪，因为他敬业爱岗；我自豪，因为他勤勤恳恳；更让我自豪的是，他如同老师一样言传身教。

一天傍晚，因为补习，所以留到了很晚，父亲一直在外面等我。终于我忙完了，收拾了一下和爸爸一起回家，我坐在爸爸旁边的副驾驶上，像个小鸟似的和爸爸聊着学校的趣事。风从耳边呼呼吹过，爸爸时不时回头看我，脸上洋溢的满是宠溺。这一刻，我感觉我是这个世界上最幸福的孩子。突然，一个急刹车，我差点撞上挡风玻璃，不过，我系着安全带，没事。我下意识地转过头看向爸爸，爸爸则是微笑着望着我，用宽厚的大手摸了摸我的头，说着："没事儿吧？红灯了！"爸爸指了指前面那鲜红的警示灯。我看了看四周，连半个人影都没有，路边不远处就是农村，静的几乎可以听见青蛙的低鸣。我推了推爸爸，说道："爸爸，走吧！反正也没什么人。"爸爸没有说话，只是摇了摇头。红色的灯光，照在他那黝黑的脸上，仿佛有一种不可置疑的威信。许久，灯才由红变绿，他又望了望后视镜，才放心地走了。

路上依旧云淡风轻，但是爸爸的气息越来越凝重。我在旁边像只小兔子一样不敢吱声，终于，爸爸开口说："不管有没有人在，遵守交通规则都是我们的责任。你要学会耐心地等待，不要一失足成千古恨啊！"我愣住了，顿时感觉双颊像有两把火在燃烧着，一种尊敬，一种自责与羞愧从心底滋生。

终于到家了！第一次感觉回家的路如此漫长，我跳下车，爸爸把车停进院子里。第一次觉得爸爸的背影如此高大。这就是我的父亲！我的仁师！

真的谢谢你

张西风

在人生的长河里，我们总会被别人帮助，我们会充满感激之情尊重他。从那一刻起，他成了我们所敬仰的人。

那一天夜里，我起床去上厕所。突然我感觉身上很烫，我怀疑自己可能发烧了。这时候，爸爸醒了，我跟他说了这事。他摸了摸我的头认为我的确发烧了，便拿出体温计来给我量体温。过了一会，体温计响了，我简直不敢相信自己的眼睛，我竟然烧到了三十八度五。爸爸立刻找到家里的药箱打开找退烧药，翻了好几遍可是箱子里居然没有退烧药！爸爸立刻下楼去药房，可是药房却关门了。他又赶紧开车去医院买，可是医院的人居然在睡觉。他只好一个个地把他们叫醒。买到药后，他赶紧开车回来。给我吃过退烧药后，他发现我的头仍然很烫，便拿冷毛巾放在我的额头上，给我物理治疗，而且还不时给我倒热水喝。在我头疼的时候，他安慰着我，看我要睡觉了，他还提醒我如果有状况，就去叫他。我昏昏欲睡眼睛就要闭上时，扭头发现床头的闹钟已经凌晨三点了！

第二天，我自己只能吃稀饭，而爸爸却又给我买了两个菜包。晚上放学回到家，爸爸不顾自己没吃饭，赶紧又给我去买了点药，我感动极了。经过这两天的调养，我的身体慢慢地好了起来。

爸爸，真的谢谢你。

有一种声音在记忆深处

李若涵

有一种声音，一直都在存在于我记忆的深处，现在听来，有一种说不出来的熟悉感，仿佛看到了我自己童年的身影。

小时候，总能在路边看到几个卖爆米花的摊贩。那葫芦状的爆米花机，在我的眼里仿佛是一个施了魔法的容器。只听摊主喊了一声：爆米花好了！那些围在周围的孩子便会捂住耳朵，接着是像打雷般的声音，那些玉米的小小颗粒，就像是争相炫耀一样，开出了一朵朵白花。

那时候，我很喜欢爆米花，却对那刺耳的声音十分恐惧，从不敢独自一人去购买。妈妈像是看穿了我的心思似的，总是带我在街上闲逛，就是为了陪我去找到一个爆米花的摊贩。

每当摊主吆喝起来的时候，妈妈温暖的手就会捂住我的耳朵上。每当爆米花机想起来的时候，从我耳中听到的巨响就变成了闷闷的鼓声。

我总是问妈妈害不害怕这个声音，她总是微笑地说："为什么要害怕呢？那个是爆米花的咒语。"我听了后对那声音来了兴致。后来，爆米花的声音在我心中也仿佛变得亲切无比。

那震耳欲聋的声音在妈妈的独特"加工"下，被编写成了神奇的乐章，让我的童年生活不再那么单调，像是充满了爆米花的香甜，让我难忘至今。

　　人生就像是被置于留声机上的一张张唱片，在唱针下奏起回忆的乐章，倾诉着回去的时光，有的已在时间的磨合下音质变得模糊不清。然而，那爆米花机的声音令我难忘，它还是那么嘹亮，仿佛还是昨天一样，留在我的记忆深处。

记忆深处

尹子凡

　　岁月的航船不断行驶着，转眼间，我就快小学毕业了。

　　那一天，当我推开教室门，看到的不再是嬉戏的好友，不再是聊天八卦的兄弟姐妹和那些我喜欢或讨厌的老师们，而是一间空旷的，毫无生机的放满桌椅却落满尘埃的教室。

　　快六年了，那些记忆里永远不会忘记的身影，已消失不见了。我再也不会背着承重的书包走在那条熟悉的小路，再也不会因迟到被罚做值日，再也不会明明和同桌看漫画却用很厚的一摞书挡住假装学习，再也不会有人恶作剧拍我一下然后假装只是路过，再也不会有那幼稚到不行的同学骗我说"老师叫你"。即将到来的六月，人离别，有些人或许永远都不会再见面，一别即永别。

　　告别那些没有说过一句话却依然清晰地记得那张幼稚脸的同学，告别那些喜欢或讨厌的老师，告别那些明明彼此伤害过却都不愿意低头的曾经的朋友，告别那些陪伴了我好久的桌椅，告别那些陪我哭陪我笑，在我伤心时安慰我，鼓励我的伙伴。

那些喜好，那些讨厌，那些还在意的，那些已经忘记的，那些人，那些事，即将咫尺天涯。有些人永远都不会忘记，只是会一起埋葬在记忆的角落，在一个阳光明媚的午后，独自回味，一定会充满阳光的味道。

六二班，这个幼稚而团结的班级，你将是我永远的曾经，你永远在我记忆深处。

小巷深处

袁 洁

又是这条路，八年，这里有这翻天覆地的变化，唯一没有抹去的还是这条小巷，站在这一端，看着小巷深处的老槐树，槐树下那一抹熟悉的背影勾起了记忆的涟漪。

槐树下，我们相识，四岁的孩童许着幼稚的诺言：我们要永远在一起。

躺在槐树下，我们手牵着手。你问我："番茄片，你的梦想是什么？""梦想吗？我的梦想是赚好多的钱支持你去做你想做的事，和你一辈子在一起。"我答道。你笑了，只比我大一岁的你用着无比成熟的腔调说："你真好，我只希望，很多很多年以后你还记得我，我们还可以像现在一样。"

　　一个喧闹的午后，一辆车停在小巷口，车内走出一个成熟稳重的男子，走向小巷的深处。我想起，一年前，你的爸爸狠心离开你出去发展事业，泪眼婆娑的你只是求我以后不要抛下你，我点头。一年后的今天，你爸爸回来了，散发着一种光芒，以一种不屑的眼光打量着曾经的住所，你哭着对我说："老槐树下，我们还会相见。"不久后，我也搬离了小巷。

　　那些年，你叫我番茄片，我叫你巧克力。

　　记忆被现实所替代，再定睛一看，槐树下那抹背影不知在何时已经离开。悄悄地，你走了，却留下我满怀的惆怅，我只好在这里回忆我们的梦想与希望。

　　八年，一个美好期限。如今你我之间产生距离，回忆里最后一抹浮影消失在小巷深处。

这个夏天

于　腾

　　每天的阳光依旧明媚，四季也依然在循环。当春天的乐曲伴随新叶的成长而结束，夏天紧随而至。那个在我的记忆里添上新鲜的线条，把一些熟悉的人抹去，装进另一些东西的夏天，像单曲一般不断在脑海循环。

　　在这个栀子花开的季节，人心之所以烦闷，大概是因为即将分离吧。这个夏天，我们就要离开小学的阶段，将要步入第二个阶段。

这个夏天，我竟分不出自己是忧伤了还是麻木了。挂在嘴边的却是一遍又一遍的：天下无不散的宴席。是啊，该散的都会散去。就好似没有不败的花。这个夏天我走进了《夏至未至》，夏季带走了他们太多的青春，太多的纯真，太多的幸福。每个人被命运的手掌摔得血肉模糊，迷失了我的眼。那些小四至爱的香樟树，就在记忆里扩大，撒下大片大片的阴影……

我们都要学会坚强，学会承担。我们会不会就在夏至前和高大的香樟树一起长大。就在这个夏天我的思想突然变得多愁善感，不知为什么，我想到未来。我的未来是要平淡抑或是要瞩目。我想，是不是在这个过程中我要放弃些什么。

现在的我与曾经的我是不同的，无论是年龄或是思想。我们都不知道明天会发生什么，前面是悬崖峭壁还是温暖港湾，我们都不确定。只是至少我们还有现在，我们一定可以在漫漫的道路上找到理想的港湾。

四季的转换，冬天的寒风刺骨即将过去，万物苏醒的春天的到来，我仍将等到无数个炎热的夏天，却一定无法忘了这年夏天，我所经历的离别，我稚嫩的思想。

我的影子朋友

李若涵

嫣然一笑竹篱间，桃李满山总粗俗。

我想，这就是她名字的由来吧。总给予人美如海棠般的清新之感。初次见面，便被她滚圆的杏眼愣住了。眼角眉梢间透着恬静的淡笑，顾盼流转间尽是道不明的羞怯与美丽。

一张小巧的标准瓜子脸，坚毅挺直的鼻梁，女孩儿的俏皮中又有点男孩的英气。略泛褐色的长发微带一点卷曲，像刚晒过的水草，蓬松松的。

这如粉艳艳海棠般明艳而纯净的人，就是我的影子朋友——LWQ。

为何称为影子朋友呢？

因为我们的品行太过相似，做事的风格都很像。可样貌却相差甚远。所以她就像我的影子一样，虽看不清其样貌，可光看动作，就真的和同一人一样。

我们俩可以算得上发小了，从一年级一直到现在，岁月流逝，物是人非，这世界都不断地变。可我们那深厚的情谊早已埋在了心里。不管这世界是否红灯酒绿，又或者宁静幽寂，这世界的纷纷扰扰都不会掺进我们那不沾世事、简单而又不平凡的友情里。这样真好。

或许是缘分，当我第一次看见你，就觉得我们会是好朋友。我们也会吵架，在心里恨过对方。但过不了多久，我们又发现谁都离不开谁。

感谢你，我亲爱的影子朋友，是你让我感到了拥有友谊的快乐。

感谢你，我亲爱的影子朋友，是你让我这么多年来未曾感到孤单。

影子朋友，今生有你，足矣！

我 的 同 桌

戴 洁

我永远也忘不了那个冬季，那个寒冷却又温暖的冬天。在那个冬天里，我遇到了一个很好的同桌。

他个子约一米六几，远远看去高高瘦瘦，鼻梁上架着一副蓝框眼镜，我经常取笑道："这是学霸的象征。"他眼睛不大却跟我一样喜欢笑，两个人坐在一起总有分享不完的欢乐，他的眼睛给人一种温暖、一种舒畅的感觉。

我们是在补课时认识的。冬天的气温给人一种特别不舒服的感觉，每天都拖着疲惫的身躯去补习班上课，课上还得强迫自己认真听讲，那种痛苦的感觉真的无法形容。每当这个时候他都会敲敲我的课桌然后用关切的眼光看着我，顺着那温和的目光我总能接触到一种仿佛亲人般的注视。

他是一个很有耐心的男生，脾气也很温柔随和。每当我遇到不会的题目皱着眉头烦躁地转着笔的时候，优秀的他总是抽出空闲的时间耐心地、详细地为我开解思路。而当我问个很白痴的问题时，他从来没有抱怨，也不以事情推辞，仍耐心地告诉我什么解题方法等等。

记得还有一次我生病的时候，老妈不让我去上课，任我在家怎么闹都不理，最后没有办法只好拿着手机诉说满满的思念，那天我们聊了很多关于各自学校的事情，不过最多的还是他关切的语句，这也没令我情绪激动。等到第二天回去上课的时候看着满满的笔记我惊呆了，刚认识没多少天的同桌竟然能对我那么无微不至的照顾，真的很感动。对于他，我有很多说不出的感激，所以我一直都很珍惜一起谈论，一起上课的时间，希望能用什么来感谢他，也正在努力，争取以后联络的机会能更多一些。

虽然我们不在同一所学校，他的成绩也是我远不可比的，但是我会永远珍惜这一份诚挚的友谊，永远也不会忘记这个陪伴我走过小学时光的同桌……

只是因为那个人

许沐琪

099

城市的夜晚，霓虹灯璀璨，我游走在街头，一个人孤单。

时隔两年，再次踏足这条柏油路，不禁一种物是人非的感觉涌上心头。

我站在树下，凝望着那在昏黄路灯映照下静默的孤影，渐渐出了神，时光仿佛流转到了从前，那个人，她还在……

在那个晚上，我们又相约来到这条柏油路散步，路灯将我们两人的影子拉得很长，就好像我们之间难能可贵的友谊，会持续很久，很久……

一路上，她始终一副欲言又止的样子，相识六年，我又岂能不懂她。我询问她："你是不是有事要对我说啊。"她一怔，支支吾吾了好一会，我见她犹豫，开玩笑道："你是不是做了什么坏事儿不敢告诉我，你从实招来，姑娘我饶你不死！"她听后一笑，徐徐开口道："那个……我要回老家上学了。"这回轮到我怔住了。她因父母工作的原因，要跟着一起回老家了，我们先前上同一所初中的约定只能因此作罢。

她见我一脸的不高兴，上前来握住我的手以示安慰。面对从小到大的第一次离别，我纵使再无奈，也只能道一句："朋友，珍重啊！"她对我回以一个最大的微笑，我觉得，就这样足够了，即使以后她不在我身边，我们的友谊也会长久的。

我逐渐回过神来，淡然一笑。每次踏足这条柏油路，心中总会涌起思念之情。我想，只是因为那个人吧，只是因为，那个人是我曾经最最重要的朋友。

100

真得谢谢你

陈　凡

时光如水，细细流淌，时间的河水一流，便流走了五年，我即将从一个小学生变成一位中学生。回想过去，我最想感谢的人，就是你！

我本来性格豪爽，且自带幽默细胞，朋友自然不少，几乎全年级都是我的朋友。可不知何时，我的幽默细胞像爆炸了一样，让我特别爱开玩笑，并且开的玩笑也没度，经常让别人尴尬不已，谁愿意跟我这样的人玩呢？渐渐地，我的朋友，少了。

某个黑色星期五，我坐在校园内的小亭子上，看着一个个同学出校门，我的心里很不是滋味，毕竟以前是朋友，现在却如同陌生人一样，见面也不会打招呼。有的是根本就没有往这看过，有的，看见了，却假装不"认识"。

这时你也出来了，不知为何，你往我这看了一眼，正好与我对视。我看得见你眼睛中的我，你也能看见我眼睛里的你。很快，你转过身，急步向校门走去。我忽然感到前所未有的失落。难道，我从此只能是孤单一人了？刚才还对这个世界抱有希望的我，心一下子凉了。

也许只有几分钟，我正思考"人生"呢，你突然出现在我的面前。手里提着两份杂粮煎饼。你见我出神，便用你温暖的手拍了拍我的头，把我从那个孤寂的世界中拉了出来。我第一眼便从你的眼睛中看到了失落又惊喜的我。

101

你递给我一份杂粮煎饼，说了句："吃吧。"还冲我笑了笑。我接住了它，感激地说："谢谢你。"你回道："没事，这不是小摊弄活动——买一送一嘛，不然谁给你买。"我从你的眼中看出了一抹笑意。我立刻也笑着道："嘿嘿，小摊儿这么做，也不怕亏本啊。是不是摊主看你长得丑，想赶紧打发你走。""哪有？是我太帅好不好，颜值这东西我一直在线。也许是摊主看我帅，才买一送一吧！""无语……"我们俩有一句没一句地聊着，我感觉刚才那孤寂的世界中开放出一种花，叫"友情"。

谢谢你，好朋友！在我最失落的时候，不离不弃。是你用温暖的友情提醒我友情的宝贵——我真的应该改变了，不能再随便乱开玩笑，因为我需要朋友！

爱上一座城

陈双双

城市是一个大家庭，学校也是一个小城市，常常我们会在不知不觉中爱上这座城—学校。

学校是一个情感聚集地，我们在学校成长，成长中我们伤心过，快乐过，痛苦过。在学校的测试中我没有考好，我虽然不能立刻改正但我却能把它刻在心里，使我时刻记住这件事，为了防止下次不再犯同样的错误，因为老师说过："不要在同一个地方摔倒。"因为我会向前冲。

我和同学们一起聊天，学习，活动。我因此快乐，这些快乐源于朋友，这些事情我也记在心里，不会忘记，因为在将来这也是一个回忆，一次愉快的回忆。快乐是一种享受，是一种自信。

在老师的教导下，我们在成长，我们在成长中的喜悦，伤心将会对我们的成长有很大的帮助，我在这成长，我就在这不知不觉中爱上了这座城市。

时光飞逝，我即将离开这座城市，但是，我会把这座城留在我心中。我爱这座城！

心儿安放的地方

何宗志

每个人都会爱上一座城，也许他是十分的时尚，拥有着乐此不疲的都市生活；也许他并不是那么的繁华，但他却拥有着令人听不完的故事；也许他也没有让人听不完的故事，但是他一定有优美的自然风光。人的一生也许会在许多城市中漂泊，但一定有座城让你无法自拔，而我爱上了那一座城—南京！

南京那个拥有着十分美丽的景色，无论春夏秋冬，他总是十分漂亮。

春天时的南京仿佛就是一片大森林，万物复苏。当太阳升起的那一刻，一缕阳光射入"森林"里面，远远望去，这片"森林"仿佛是在发光，给人一种不是天堂更胜于天堂的感觉。走进这片森林，小草伸起他们的懒腰，花儿绽放出他们的花朵，一起随着风儿飘动，仿佛是在于人们打招呼。各样的花儿听起他们的腰，向着世人展示他们的美丽。再往里面走来到了一片湖泊，湖水清澈见底，鱼儿在水中嬉戏，你追我赶，好不快活！

夏天时的南京，仿佛就是一轮明日，照耀大地。这一轮明日无时无刻地向着人们提供温暖。儿童们在树荫下嬉戏，蝉儿在树上一起演奏者曲子，就像在做自己的个人演唱会。

秋天时的南京，仿佛就是一个大果园，人们在果园里面采摘着辛苦一年而得来的硕果。枫树叶就是那么的火红，让人都不敢上去摸一下似的，担心一摸就会被烫到一样。

冬天时的南京，仿佛就是一个完美的冰雕。是那么的洁白、纯美。漫天的白雪飘舞着，大地是被披上了一件白色的衣服，此时用"银装素裹"来形容那是最合适不过的了。

无论春夏秋冬，南京就是那样的完美，让我无法自拔地爱上了它。无论身处何地，我都会爱着它—南京，我的城！

爱上秦淮河

丁晓琪

我爱上一座城，爱了十二年。爱她的沧桑，爱她的繁荣，爱她的朴实，她的车水马龙，她的灯火阑珊，甚于她的一草一木，无不让我心绪飞扬。她就是我永不会忘的那一座城——南京。

在悠远的历史长河中，"六朝古都"是永远抹不去的那一笔。漫步在路上，似乎踏着六朝帝王的脚步，"醉卧沙场君莫笑，古来征战几人回"。我垂下眼帘，心绪有些凝重。虽为六朝之都，繁华秀美的宫殿若隐若现，可是，终被那战乱笼上厚重的阴影，继而消逝。自古帝王，谁不是踏着将士的鲜血登上宝座的？这其中所包含的是喜是忧，谁又能分辨得清呢？古都似带着沧桑的面容，向世人诉说着那一段段或悲或喜的历史。她因沧桑而迷人，因沧桑而深刻。我因此爱上了这座城。

时代更替，瞬息万变。现在的古都更多的是高楼挺立，现代化气息浓厚。生活的改变让我的凝重消逝，眼前繁荣的景象让我心情舒畅。嘴角不由得勾起一抹微笑，乘上小船，行舟秦淮。灯火在水中泛着五彩光辉，冲去先前的沙场的鲜血淋漓。手指轻拂过水面，涟漪泛起，似乎要带走那凝重的往事，秦淮河畔，熙熙攘攘，相约在秦淮河上，泛舟碧水。欢快的声音不时响起。繁荣升级，她因繁荣而美丽，因繁荣而美好。我更加爱着这座城。

沧桑如她，繁华如她，面对这样的她让我如何不心动。

汤　包

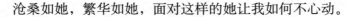

杨雨彤

南京有许多美食，让人回味无穷的臭豆腐；麻辣鲜香的鸭血粉丝……但我最喜欢的，还是那晶莹剔透的汤包。

汤包又称小笼包，制作方法比较复杂：先要自己买来面粉做出薄薄的皮，然后开始做馅，馅是用肉，肉皮，葱……加入水做成的，做好的馅有太多的水，不能直接包，要放在冰箱里冻一会儿，这样，水就变成了冰，在蒸的时候，冰又化成了鲜美的汤汁。冻好的馅包进薄薄的皮里，捏出十六条折痕，便可以放进笼屉里开始蒸了。

蒸好的汤包，还没端上来，就闻到一丝香味儿在空气中飘荡，牵引着人的味蕾，让人不禁咽了一口口水。打开盖子，一阵热气扑面

美丽的蜡烛会唱歌

而来，再看看那汤包，一个个小巧玲珑，让人忍不住想打开那晶莹剔透的皮，看看里面装了些什么，一打开，还没有看到馅，一股带着诱人香味的汤汁便抢先一步流了出来，尝一口，一种很浓郁的鲜味顿时充满了口腔，在这鲜味里，还有淡淡的咸味，细细品味，还有一丝甘甜。喝完鲜味十足的汤汁，就开始吃皮和馅，皮是半透明的，嚼起来韧性十足。馅有这比汤汁还浓郁的鲜味，吃下肚后，那鲜味仿佛还缠绕在舌尖上。吃完后，我真想大喊一声："鲜！"

我爱南京的汤包。

新疆之行

邹宇桐

这个暑假，我和爸爸妈妈一起去了新疆游玩，在那里度过了一段美好的时光。

"新疆土地面积一百六十六万平方千米，约占国土总面积的六分之一，所以这次旅行大家有大量的时间消耗在车上。我们的车一动就是上千公里呢。新疆与南京有两个小时时差，南京晚上六七点钟天就黑了，新疆晚上九点天还是亮堂堂的呢……"出游的第一天，导游就自豪地向我们介绍新疆，因为她也是新疆人呢。

我们先去参观了魔鬼城，不要以为魔鬼城就是有魔鬼住的城市，它之所以被称为魔鬼城是因为这里全是雅丹地貌，没有任何树木的遮挡，所以晚上当有强风吹过这片地区的时候，就会发出"呼呼"的声音，就好像魔鬼在咆哮。雅丹地貌形成了许多形态各异的土丘，有的好似一座断桥，有的像一张人脸，有的像一只暴怒的狮子……数不清的土丘给了人们无限遐想的空间。

接着我们去了新疆最著名的景点——喀纳斯（Kanas），这个景点有多美丽呢？用一句话来形容就是"喀纳斯是神的后花园"。当然了，这里优美的景色也没有让游人们失望。坐在观光大巴上，看到窗外的山峦连绵不绝，山间云雾缭绕，仿佛我们与群山间隔了层纱，给人以若有若无的感觉。说到喀纳斯啊，这里的"三湾"就不得不提一提了，它们分别是月亮湾、卧龙湾和神仙湾。先来说说月亮湾，它之所以会有这个名字是因为湖水蜿蜒，湖岸边被高耸的白桦树包围。远远看上去，弯曲的河流宛如月亮一般，因此得名"月亮湾"。接着我们来到了卧龙湾，这个湾更神奇了，堆积在河岸中间的石头形似一只恐龙，所以它被称为"卧龙湾"。最后我们来到了"神仙湾"，这里的湖水将森林和草地分成一块块似连非连的小岛。因此人们称之"神仙湾"。从湖面上看去，在阳光的照射下，湖水流光溢彩，就连树上的叶子都闪闪发光，仿佛无数颗珍珠从天上洒落下来，美丽无比，因此"神仙湾"还有另外一个名字——"珍珠滩"。

我们乘游艇参观整个喀纳斯湖，湖上风平浪静，湖水清澈见底，泛着一种淡淡的青绿色，好似满池的翡翠。湖边的山峦层层叠叠，森林里绿草如茵，各色的山花争奇斗艳，不同的植物颜色分明，空气十分清新，天空无比湛蓝，风儿轻轻吹拂着我的脸颊，好像在给我搔痒，十分舒服。我闭上眼睛，沉醉其中，恍如隔世。

以后的几天里，我们还去了火焰山、禾木、天山天池等很多景点，饱览了新疆美妙绝伦的景色，度过了愉快的新疆之行。

别有天地

居会浩

以前，我是以为只有家乡的风景最美，只有家乡的竹子最挺拔，只有家乡的农家菜最有农家味道，这个五一让我见识了真正美的山，挺拔的竹子，好吃的农家菜。

这个五一，同家人来到了宜兴，这次去宜兴就是冲那里的山去的。

一进宜兴，我们先是去了那里的大觉寺，大觉寺的大门两边就是由山夹着的，山上的竹子已经长满了山，远看就是一绿色城墙，爸爸告诉我，这是小的竹海，大的竹海还在下面呢！我顿时就开始瞎想了……在大觉寺里也没做什么就是烧香，拜拜佛。

离开了大觉寺我们就往大山环绕的地方去了，我们走在乡间的小路上，只供一辆车由此经过，就是感觉路边的山夹着小路，小路夹着车，而车就限制着人，车前的路伸向深处，时不时有一两个路口，路口前方就是一两家人，家依山而建，过了几十分钟，这条小路终于到了头。前方就是一家农家乐，来得正好肚子也已经饿了。走进小饭店，一进门就是给人一种是这里的人家开的似的，大蒜头挂在墙上，红辣，看着就给人一种辣辣的感觉，农家菜真不愧是农家菜，竹笋是刚刚弄的竹笋，乳白色的竹笋上还有一点点青绿色，炒出来那真是香啊，整个饭桌都漫着竹笋的香气。

　　吃完午饭之后就向着山里进军了，山环着山，竹子与竹子交叉生长，竹海真不愧是竹海啊，在远处看那叫个美，在近处那叫个更美啦，山边坐落了几乎家人，再往里走就是山脚了。有笋，有竹，笋依偎在竹旁，像个妈妈带着孩子一般，竹海还是一个字美啊！

　　与我的家乡相比，山更美了，竹子更挺拔了，农家菜更香了，我在那里更开心。我觉得那里真是别有一番天地呀！

美丽的莲花峰

张可仁

109

　　太好了，终于要游览莲花峰了！啊！心慕已久的莲花峰终于到了，跃入眼帘的是两个绚丽的"孔雀大使"。他们正抖动着美丽的羽毛，彬彬有礼的向游客行礼。哎呀，差点弄错了，原来"孔雀"是用五颜六色的花扎成的，怪不得这么"规规矩矩"呢！

　　步入正门，我仿佛置身于一副优雅的景致之中。两边是翠竹林，密密层层的竹叶汇聚成一片海洋。蜻蜓低飞，蝴蝶停在翠绿的竹叶上，显得格外美丽。攀岩曲折的碎石小径上一直延伸到竹林的最深处。我沿着竹林缓缓前进，一股清幽的风扑鼻而来，令我不禁想起："曲径通幽处，禅房花木深。"

　　顺着曲折的小径，穿过柳香榭，眼前出现一个喷水池。壮观的假石喷泉，喷出各种各样的水花，在阳光的照耀下就像一串串珍珠。水

美丽的蜡烛会唱歌

流淙淙地穿过乱石，曲折迂回地离开了假山，发出"哗啦哗啦"的流水声。不知不觉走到了荷花池。大片大片的荷叶层层叠叠。刚开的淡粉色荷花像一位害羞的小姑娘；已经盛开的荷花像一位亭亭玉立的姑娘……

不知不觉，已经在园中待了两个小时，最后我来到了海边，夕阳照在海面上，闪着点点金光，海面上不停有海鸥飞过，美丽极了。

莲花峰，真令人流连忘返。

换一个角度寻找快乐

　　妈妈带我来湖边游玩，就是希望我可以抛开学业，过一个开心的下午，但快乐不需要思维定式，快乐并非一成不变。放风筝我会觉得快乐，但放走风筝我会觉得更快乐。

　　每个人对快乐的见解都不同，正如每个人寻找快乐的方式也是不同的。从任何一个角度出发，你终会抵达快乐。无须被所谓的寂寞困住，因为换一个角度，你就会发现，快乐一直在你身边。

换一个角度寻找快乐

李 倩

今天下午，天气晴朗，我和妈妈去花神湖畔放风筝。那是一架蓝色的蝴蝶风筝，因为好久不用的关系，上面沾上了一些灰尘。

湖边有微微的清风拂过我的脸颊，凉凉的，很舒服。稍稍休息了一会儿，我们便开始放风筝。

下午的风并不大，反倒带了丝慵懒的气息。我叹口气，看来，想凭借风力放风筝并不容易呀！那么，便用人力吧！我让妈妈拿着风筝，站在一棵柳树下不动，然后自己抓着风轮向前跑。等跑得差不多了，妈妈便松开手，将风筝托了托。我一边扯着线，一边急速地奔跑，终于，风筝飞上了蓝天。

我转着手中的风轮，一圈一圈地放线，看风筝越飞越高，我便觉得快乐了。它能在空中飞翔，我也有功劳呢！我欣喜地想着，但转念又想，若是我收了线，它还能继续飞翔么？它的自由，仅仅只是表象，其实它还是逃脱不了被束缚的命运呀！

我咬咬牙，一用力，扯断了那根连着风筝与风轮的那根细长的线。我看见，那蓝色的蝴蝶就这样，拖着它长长的尾巴，向更高的地方飞去了。已没有人可以擒住它了。我认为，风筝一样也需要自由。

我望着那风筝，微微地笑了。我依旧快乐，只是这快乐变得很宁静。妈妈带我来湖边游玩，就是希望我可以抛开学业，过一个开心的下午，但快乐不需要思维定式，快乐并非一成不变。放风筝我会觉得快乐，但放走风筝我会觉得更快乐。

　　每个人对快乐的见解都不同，正如每个人寻找快乐的方式也是不同的。从任何一个角度出发，你终会抵达快乐。无须被所谓的寂寞困住，因为换一个角度，你就会发现，快乐一直在你身边。

我 的 风 景

何莹莹

　　深深浅浅的绿弥漫着山野，山间雾气迷蒙。这样的风景是属于大自然，自然也是我所向往的。但在我记忆的长河中，属于我的那一片风景，便是幼时的那一片金黄的油菜花。

　　微风轻拂，碧波荡漾，万物都苏醒了。那一大片油菜花都抽出一根根青绿的叶子，吸吮着春风细雨的精华，生长着，蓬勃着。幼时的我立于他们之间，无忧无虑尽情地玩耍……

　　知了在高声地鸣叫着，夏天到了。那一大片油菜花经过一春的洗礼，变得更加葱绿了。一片片叶子傲立着，似乎在与烈日较量，让人感到生的力量。那时的我啊，即使冒油也不忘在油菜地里和小伙伴摔上一跤呢。

　　转眼间大地已经穿上了金黄色的毛衣，枯黄的杨树叶和鲜艳的枫叶飘落下来，好似几只彩色的蝶在空中飞舞。那油菜花也已经开得金黄，远远望去已是一片金黄色的海洋，热烈而灿烂。这时若是你再定睛一看，便会发现那个小人儿在其中欢笑着，奔跑着，金色的花粉沾满一境，熠熠生辉。

瓜熟蒂落的世界已过去，迎来的将是一个肃杀的季节。大地身着一身纯白色的长裙，当她落泪时，天空就下起了雪花。她的伤悲似乎无止境，就这样下啊下啊，油菜花承受不住那蚀骨的悲伤，凋落了。她静静地站在那儿看着这一切，小小的少年也开始识了愁滋味啊。

"春江一望微茫，变桅樯。无限青春麦田，菜花黄。" 那一片油菜花至今是我的风景，我心中的那一片永恒的风景。

只是因为那条路

高可欣

记忆中的那条路，有着夏天最凉爽的风，春天最好的景，和那最美的记忆。

那是条不宽阔的小路，小路左旁是高大的楼房，房屋投下的阴影使得左半边常年都有阴凉，右旁栽种着数棵在冬天有着烂漫花朵的梅花树。暮春时节，各色野花会竞相开放。

犹记得旧时光里，每次去学校，总是会走这条路。妈妈骑着自行车载着我悠悠地晃，偶尔远处会有自行车的响铃声，声音从小缓缓变大，骑车人高大的身影也会在阴影中逐渐清晰。长大了点儿，我就每天自己走那条路。傍晚时分，天边总会有几抹艳丽的惊心地云霞，被

橙黄色浸染的天空也会给小路带来几束温暖的光，路旁野花散发出奇异的芳香，混合着楼道里人家的饭香，竟有种说不出的心安。

冬天的梅花盛开的时候，正是一年中最冷的季节，我和妈妈裹着厚厚的棉围巾艰难地骑行在冷风中，然而路旁淡淡的，但却令人无法忽视的梅花香，竟带给我和妈妈前进的动力，我们一直闻着香气，不知不觉竟也走过了冷风最强的地方。

长大之后搬离了那片地方，也不会再在上学时走那条路了，没了花香和小路的陪伴，上学时便多了点寂寞。

那次偶然的机会，老师让我们说一个最让我们印象深刻的地方，在脑海中搜寻了几个地点，却都遗憾的发现没有半点思念的心情，恍神间突然想起了儿时居住的地方；童年的美好回忆，都纷纷从时光深处慢慢走来。为什么是那里呢？

或许，只是因为那些醉人的花香，只是因为那抹美丽的霞光，只是因为那条在多年之后依旧在我记忆中不褪色的小路。

邂逅秋天

——记六年（5）班 2017 年秋游

李璟轩

这一天，
阳光显得那么明媚，

绿叶显得那么青翠，
激动与喜悦溢满我们心扉。
去吧，去秋游，
去收获一次美妙的旅程足以让我们回味；
去吧，去秋游，
去拥抱那漫山遍野的芳菲！

那光洁绚丽的大理石上掩映着的
是同学们纯真的笑颜；
那清澈见底的小溪流中流淌着的
是大自然谱写的诗篇。

是谁，在栈道边山川与河流中
画下了这惊世骇俗的恢宏画卷？
是谁，在同学们明亮的眼眸里
刻下了这精妙绝伦的魔术表演？

冰冷的空气无法阻挡
我们的热情似火；
高大的栏杆无法遮拦
小动物们的生机蓬勃。

风儿吹了，
却扯不住秋姑娘金黄的裙角；
鹦鹉叫了，
却留不住飘荡在脖间艳红的丝绦。

这里的花儿如繁星点点，
这里的景色使人陶醉流连，
这里的名字叫水墨大埝，
我们在这里邂逅了秋天。

我眼中的秋色

周钰婷

　　远远近近的秋风来了，高高低低的秋月升了，浓浓淡淡的秋意近了。秋天是最富有色彩的季节，那澄静的蓝，浓淡的绿，浑厚的灰白，然后尽染一片红。你这拥有水晶般纯洁心灵的秋啊，可否回答我：那浓浓的翠，是你流转的眼波吗？那浅浅的红，是你含羞的笑靥吗？那翩翩的叶，是你轻舞飞扬的发丝吗？

　　我，停住了匆忙的脚步，蓦然回眸，秋姑娘仿佛伫立在我眼前：片片树叶打着旋儿，犹如一只只蝴蝶悠然而又潇洒地在空中飞舞，用自己的飘零为这萧瑟的秋添上一抹明媚。

　　抬眼望尽秋天的苍穹，像被一场清爽的雨洗抹过的碧玉一样澄澈亮丽。强烈的白光在空中跳动着，宛如在一片深邃湛蓝的海面上泛起的微波。那天宇中的浮云，淡淡然，悠悠然，少了几份尘世的喧哗，在秋风中飘逸，偶然，头顶掠过一群嬉戏耍乐的小鸟，张开的羽毛似被金秋染成了金色一般，显得那么耀眼，它们是那般无忧无虑，在天空中留下快乐追寻家园的印迹。

　　不知何时，一条林间小道已在脚下，两边疏疏密密地铺着落叶，看着这条被落叶映衬的小径，心中更是别有一番滋味。我便不禁遐想，道的尽头，会是什么？抬头远眺，那光亮毫不刺眼，是种温和的感觉，原来是太阳落下的余晖呢。我喜欢漫步于秋日林间的小路，踏着脚下微黄的树叶，深吸一口秋日特有的清爽空气，丝毫不为落叶和残花而悲伤，因为我知道，花儿在最后一瞬，即使等待它的是枯萎，却依然执着地绽放着灿烂，释放着美丽。就像泰戈尔所说的一般："愿生如夏花之绚烂，死如秋叶之静美。"即使会凋谢，但它们都努力过，坚持过，灿烂过，这样就足够了。

　　抬起迷蒙的眼，独自徜徉在秋的怀里。秋日暖阳，最是和煦温暖。我沉浸在这浓浓的秋里，愿幻化作恋秋的人儿……沐浴在这抹秋阳之下，我为秋醉了，秋对我笑了……

茶花之美

李梦婷

　　我坚信，每一处景物都会有自己的闪光点。例如，那校园中前一株，后一株的茶花。

　　我见过它开过的花，颜色就像害羞了的姑娘的那一片红晕，可爱而娇嫩。它不比茉莉那么清秀，也不比牡丹那么国色天香，不比桂花那么十里飘香，更不比杜鹃那么明艳！它那么朴素，那么不引人注目。有时只有在开花的时候，才有人注意到它。

冬天寒风凛冽，冷空气弥漫了整个校园。北风吹得树枝"哗啦，哗啦"作响。被这么一吹，身上的热量就跟着冷风离开了身体，我紧接着打了几个寒战，身体冻得冰凉冰凉的。而茶花却已经开始孕育花苞，悄悄地盼望着开放的季节，我们最爱的季节——春。

春天来了，天气渐渐地变暖，茶树更鼓足了劲儿在生长，花苞更鼓了，仿佛它只要再一使劲，那花苞就开了。可是，它依旧静静地等待。突然有一天，我发现花苞咧开嘴儿了，露出了那红色的花瓣。我看见，红色的花瓣围成一圈，看起来舒服极了。我摘下一片花瓣，捧在手心里，感觉就像手里捧的不是花瓣而是一块天鹅绒布。娇柔的花中还嵌着几根金黄金黄的花蕊，那么小，那么黄，好像几根渡了金子的针插在花里，显得整朵花更加精神，更加美丽。我把鼻子靠近花朵，嗅嗅。一股若有若无的香味，若近若远地绕在鼻子周围。

茶花之美，在于它的朴素与不引人注目但它一直装点着我们的学校，茶花，真好！

月　季　花

付然然

月季是我最喜欢的花，它没玫瑰那么妖艳，没牡丹那么富贵，没荷花那么出淤泥而不染，没百合那么纯美，月季与它们比实在是平凡，鲜有文人墨客关注它，它依然那样默默无闻得花开花落。

月季花的花期很长，一年四季，月月都能开花，所以人们给它起名叫"月季"。它不但花美，味香，而且适应性很强。无论是栽在花盆里还是长在路旁，无论是严冬还是酷暑，它都能顽强地生长，把它强大的生命力展示给人们。

记得在姑姑家门前就有那么几丛月季花，尤其美丽，有的鲜红似火，有的橙黄如金，有的洁白胜雪……显出勃勃生机。远远看去，月季花就像阳光中的一团熊熊烈火，又似鲜艳绚丽的晚霞。走近了看，它一簇簇美丽而娇嫩的花瓣，微微下卷，紧紧相连，层层叠叠，在艳阳的照耀下，花瓣犹如涂上了一层明油，光泽而油亮，一株株月季昂首挺胸，好似打了胜仗的将军，那花瓣中间星星点点的黄色花蕊在风中抖动，凑近闻闻，哇！没想到月季花的香味如此令人陶醉。

月季花的茎是墨绿色的，细细长长的，上面布满了淡褐色的小刺，那些刺就像月季的妈妈，时刻保护着自己的儿女，好让他们健康快乐地成长。

月季花的叶子是椭圆形的，一片片叶子挨挨挤挤，层层叠叠，长得特别茂盛。仔细看它根部的叶子是深绿色，而顶端的则是暗红的，叶子的边缘还带着软刺，就像一个个锋利的小齿轮，经过仔细观察之后，我发现这些叶子除了枝端的一片，其余都是对生的，它们就像是一对对可爱的双胞胎。用双手触摸它的叶子时，会感到它的表面十分光滑，像打了蜡一样。

月季花朴素大方，它们在太阳的映衬下，像一张张可爱的笑脸，又像一只粉蝶在微风中翩翩起舞。

向日葵，向日葵

龚心一

　　"更——无——柳——絮——因——风——起——，唯——有——葵——花——向——日——倾。"嘴巴微张，抬着头望着向日葵面对的太阳，我轻轻吟诵着。我的性格，就像这向日葵。

　　也曾摸爬滚打，也曾汗水淋漓，也曾眼睁睁望着希望的帆船在漩涡中迷失，可那最初的梦想却始终留在眼眸中挥之不去，即使千疮百孔，也义无反顾毫不畏惧。

　　那一年偶遇一片向日葵的花海。阳光洒下，向日葵高低不一，在微风地吹动下恰似在向人点头。

　　妈妈告诉我这是一种奇特的植物。它总是长在阳光下，就算是这样，它还是比谁都渴慕阳光。那时候我觉得向日葵真的很傻，总是跟随着遥远的太阳，一个人的道路上只有它自己，必须忍受所有的忧伤。它总是走走停停，永远也不会找到一个终点。因为它总是随着太阳漂泊。

　　后来我有了自己的追寻，有了自己的寄托，我突然想起了向日葵。这向阳而开的花，开起来就像阳光般灿烂，颜色里也已充满阳光的味道。它一直忍受着风吹雨打的煎熬，在无人注目的泥土里坚强地存活。它追逐太阳，是因为任何暴雨和阴暗都抑制不住它内心的希望那时候我忽然间明白了凡·高画向日葵时的冲动。于是我爱上了这种花。

向日葵一直对着太阳微笑，即使它很刺眼。我决定做一株向日葵，勇敢地向着太阳骄傲地活着。

有时候我也会问——这是怎样的一种爱呢？

渺小到不值一提的向日葵，竟深爱着离它那么遥远的太阳。

这是怎样的一种追寻呢？

弱小到一场暴雨就可结束它短暂生命的向日葵，竟毫不畏惧地追寻着伟大的阳光。

向日葵，向日葵，也许也就是这样，太阳被你感动着，毫不吝啬地将阳光洒向你的脸庞，即使细碎，但是温暖。

春风沉醉的晚上

雨　婷

又是一个春风沉醉的晚上。

我独自沿着江堤散步，春风从身侧温柔地拂过，像是奶奶的手，温柔地将我揽在怀中。我闭上眼，沉醉在夜色里，一颗心，也随着春风跳起了舞。夜色正浓，像是一块闪着光的纯净的黑色玻璃，恍惚沉醉中，我依稀看见它映出的奶奶慈祥的脸。

儿时，你总牵着我在这样春风沉醉的晚上沿着江堤漫步。你会俯下身子，轻轻扶着我的肩，教我念"春风一夜吹乡梦，又逐春风到洛城"的诗句；你会坐在桃树下休息，把我抱在你的膝上，给我讲牛郎织女的故事。看着你慈祥温暖的笑容，我心头萦绕着满满的幸福感，如沐春风。那一个又一个春风沉醉的夜晚，成了我童年最静谧美好的时光。

可是，我已经太久没有陪你散步了。

我蹑手蹑脚地回到病房，你还安详地睡着。你的唇微微抿着，两颊上有着点点褐色的老人斑，眼窝深陷，弯着的眼角有细密的皱纹，流露出一丝浅浅的笑意。

看着你不再年轻却依然慈祥的脸庞，我的心里突然涌起一种莫名的惆怅。我一直不懂，其实你也渴望陪伴，记忆里那春风沉醉的晚上，早已成为了你默默抚慰自己孤独年迈的心的一种期冀。你期盼的，其实是春风里，我们祖孙俩在夜色中相互依偎着前行的那份幸福。

泪光中，我轻轻捧起你的手，在心中默默祈祷，你一定要快些好起来，到时候，我一定陪你去江边散步，陪你看如水的夜色，陪你看点点的繁星。

我 的 妈 妈

樊相裕

在这世上，我觉得最神圣的字眼就是嗷嗷待哺时喊出的第一句话"妈妈"。它不仅象征着新生，而且也代表着母亲对孩子的殷殷期

盼……我觉得我的妈妈是世界上最伟大的人了。尽管有时候也会唠叨我,但我觉得这就是妈妈的一种关爱啊!

妈妈的脸上布满了岁月的痕迹,这个时候我觉得岁月是世界上最无情的武器,在她脸上刻上一条条皱纹。不过她有一双大眼睛,一张能说会道的小嘴巴,这就是我的妈妈。

妈妈对我特别关心。记得有一次,我放学后,踏着轻快的步伐来到校门口,等待妈妈来接我。结果天公不作美,天上突然下起了滂沱大雨。我急忙跑进校门旁的门卫室中,等待妈妈的到来……

慢慢地,门前的小朋友大都是被自己的爸爸妈妈接走了,只有我还孤零零地坐在门卫室里,心里很是气愤,妈妈怎么还没来啊?!她可真是的!想着想着我噘起了小嘴……

很快天就黑了,终于我看见妈妈的身影,我急忙跑了过去。但我却看见妈妈身上的泥水,我心疼地问:"妈妈,你怎么了?"妈妈看见我,强颜欢笑道:"我接你的时候突然摔了一跤。你没生气吧?我没迟到吧?啊!没人啦!来,我们回家吧!"听了这话,我感动得热泪盈眶。心里涌起一阵暖流。

124

这就是我的妈妈。

春风沉醉的晚上

徐 舟

我倚在窗前,欣赏着窗外的夜景,心不由得为之沉醉。

窗外，园中的垂丝海棠散着一种近乎没有的香气，向大地母亲绽开了笑脸，像个花季最美丽的少女，春风那样欣赏并沉醉地揉着她们，夹着令人沉醉的暖意，满上花枝并抚过，似为她们梳理着长发。

　　"孩子，快来！"妈妈用她那轻柔的嗓音在院中轻轻地唤着我。一进入院中，便惊艳于那如水的月色，天空中那最明亮的一弯月，把自己投入院中的井水，用自己皎白的光把地面照得透亮，春夜的风也来了，缓缓地吻过水的脸颊，那带起的一点涟漪，仿佛是春夜中最令人沉醉的风景。

　　在月光的照耀下，我和妈妈谈着心，沉醉在这月光微凉、春风和煦的夜晚，于是这夜也显得格外引人留恋。"孩子，你长大后希望从事什么？"妈妈那丝绒般的声音从我耳边滑过，"当然想当老师啦！那么神圣的职业，虽说辛苦些，但可以把温暖和春风送进学生心中呢！"我大声而坚定地表达着自己的愿望。而我们则一直从学习谈到生活，再从现今谈至未来的理想，或许是因为许久未曾这样聊过天了，我心中竟泛起徐徐暖意……

125

　　不知在何时，春风竟已停了，我想：春风他兴许也为我们而沉醉了吧！

家 有 球 迷

潘　航

　　"耶！又进了！""苏宁最棒！"是谁？是谁在那里吵闹？告诉

您吧，这就是我的老爸。

我爸爸可是一个不折不扣的足球迷。虽然我爸爸对足球是典型的"纸上谈兵"类型，但他却是一个足球发烧友。每天我爸都要在睡觉前看上两个小时的足球赛，好像这就是他的催眠曲一样。

有一次，我上补习班回来，刚一打开门，我就感到不对：房间灯竟然还开着！要知道，我回来时已经十点多了！我再一看，使我哭笑不得：爸爸竟然躺在沙发上看足球比赛睡着了！

我爸还有一个癖好：他喜欢身边到处是足球！他的衣服上常常挂着一个足球状的哨子，他的房间里也全是足球明星的照片。他的被子也印了足球，仿佛没有足球，他就会活不下去了一样。

"儿子，我跟你说啊，这次中国终于进入世界杯预选赛了，可喜可贺啊！"听见没，我爸又来了。我相信我爸爸会一直迷着足球的！

126

家 有 粥 香

高 旭

我已许久不曾尝到奶奶煮的粥了，实在想念那清甜的粥香。

儿时，每天清晨，我在甜蜜的香气中醒来，便会一路循着那股粥香跑进客厅。桌上那碗热腾腾的粥散发着淡淡的清甜的味道，诱人极了。舌头卷起有些烫的粥，一股暖流直落进我胃里，整个身体都暖和起来，轻轻一咬，又软又糯的米粒破裂开来，清甜的米香在唇齿间流淌。一碗粥下了肚，我只觉得五脏六腑似乎都被洗了一遍，浑身上下每一个毛孔都舒展开来。我意犹未尽地舔了舔嘴角，身上热乎乎的，心里甜滋滋的。奶奶坐在一旁，看我一脸的幸福满足，也露出一个心满意足的笑容，就连眼角的皱纹，也高兴地舒展开来。

奶奶煮粥的秘诀是什么呢？我想，应该是她的细致和耐心。天刚蒙蒙亮的时候，她就开始准备煮粥了。她总要选出又细又长，晶莹饱满的米，在清水中淘洗干净，再放入小锅中用小火慢慢地煮，直到冒出一串串小泡泡，咕嘟咕嘟，像唱歌的声音，再在锅中焖一会儿，粥上就会结起一层亮晶晶的薄壳。每每这时，家中就会飘起一种清甜的香味，不那么浓烈，却是伴着我成长。

奶奶说，粥最养人。我的童年浸润在这清甜的粥香里，我就这样在奶奶温暖的粥的滋养下长大。平淡普通的粥，总能在奶奶的手中变出各式各样的花样。一年四季，家里都飘着诱人的粥香，或夹杂着红豆的甜味，或夹杂着绿豆的清香，又或者蕴含着百合的清苦味道，让我闻不厌，吃不腻。

我渐渐长大，鲜少有机会再尝到奶奶的粥。尝过小店里各式各色的粥，我也未寻到那样的味道。

127

看着眼前店老板刚刚端上桌的寡淡的稀粥，我不禁又想起家里清甜的粥香。我渐渐发觉，奶奶煮的粥之所以独一无二，不仅仅因为她的细致和耐心，更重要的，是她对我独一无二的关怀与爱。

我又开始想念家里的粥香了——那独一无二的爱的味道。

陪　伴

朱　婷

　　秋风带着丝丝寒意，海潮一般地席卷了大地，我轻轻挪了挪脖间你亲手织的围巾，转过身，大声地喊着："奶奶，快来啊！"步伐细碎的老人摇晃着身子，颤巍巍地来到我身边，轻轻喘着气："慢些啊……"你的手微微抬了抬，似乎是想牵住我，却迟疑了半晌，终究还是颓然放下，缓缓地转过身，慢悠悠地朝前走去，我一言不发地跟在你的身后，垂着头，有些失神："我有多久没有陪你散步了呢？"思绪回到了小时候。

　　刚过三岁的我正是活泼爱闹的年纪，和你一起散步，自然也就成了我最期待的闲适时光。好静的你总爱在晚饭后出门散步，小小的我也总是乐颠颠地跟着你，成了你甩不掉，也不愿甩掉的小尾巴。

　　于是，我与你变成了那条小路上一道独特的风景。夕阳斜斜地照在人们身上，你牵着一蹦一跳的我缓缓地走过一棵棵树，走过树旁的一幢幢房子。我总会不时停下脚步，奋力地踮起脚，举起胖嘟嘟的小手，指指这儿，指指那儿。我仰起脸，紧紧地盯着天边的那一抹橘黄色，好奇地问你："奶奶，那个会发光的东西是什么啊？"你笑眯眯地俯下身子，看着我充满童真的眼睛："那是太阳啊！"那双温和如新月的眸子里，有流星般的光亮闪过，一瞬间，温暖了我的视线。

你就是这样领着我，认识这个世界。

你陪伴着我，走过这条"求知""成长"的小路，一走便走了近十年……

风更凛冽了，我望着你瘦小的身影，鼻尖一阵酸涩，突然有了一种想哭的冲动，教我说话的你，喂我吃饭的你，替我梳头的你，陪我散步的你，还有风中独自前行的你，一齐涌上心头。我快步向前走去，牵住了你的手。你的手冰凉，厚而粗糙的茧摩擦着我的掌心。这是一双怎样饱经风霜的手啊！我心中默默地想。突然，你抬起头看我，布满皱纹的脸上露出了一个浅浅的笑容，很快又被一抹歉意取代："手怎么这么冷啊？都怨我，咱们不散步了。走！回家。""不用，是你冷呢！"我不由得握紧了你的手，牵着你，慢慢向小路另一头走去，"我呀，还想陪你再走一会儿。"我知道，你一定是想我陪着你的。果然，你听了，露出了一个欣慰的笑容，细密的皱纹舒展开来，朝着我点了点头："好，好，陪我走走。"

寒风中，老迈和年轻的身影相互依偎着前行。微黄的落叶蹁跹而下，依依不舍地与树做着最后的话别，默默等待生命的枯萎。我看着身旁日渐衰老的你，心中一遍一遍地默念着：

奶奶，请让我陪着你，走一会儿，再走一会儿。

也许有一天，你的眼眸不再明亮，看不清远方的路；也许有一天，你的行动不再敏捷，追不上我的步伐；也许有一天，你的反应变得迟钝，口齿不清又唠唠叨叨；也许有一天……但我会说一遍再说一遍，温柔一点再温柔一点，牵着你的手，耐心地陪伴在你身旁。

奶奶，剩下的路，请让我搀扶着你一起走过，我愿成为你的依靠。

换一个角度寻找快乐

黑发，白发

王心怡

岁月就像秋天的叶子，会很快地凋落、腐烂、消逝。其间，它也会让黑发渐渐地褪去光泽，换上素白的装束。

记忆中，长发常在家门前的大树下等待短发放学归来。阳光把那头黑发雕琢的很黑很亮，风中的那头黑发被拉得很长很长。长发就这样每天开心地望着一蹦一跳的短发归来，眼里满是欢乐。

早晨，短发背着书包去上学，长发亲吻着短发，在短发的耳边叮咛了几句，弯下腰的时候，短发闻到了长发那头淡淡的香气。

吃完晚饭后，长发给短发清洗头发。短发顶着晶莹的泡沫，嘻嘻哈哈地笑着，长发轻轻地用清水将短发头上的白色泡沫冲洗干净，她轻轻地揉着短发的耳朵，然后用毛巾轻轻地为短发擦头发。短发笑着问："妈，我什么时候才能有你那么长的头发呢？"长发看着短发，慈爱地说："孩子，会长长的。"

夜晚，在昏暗的灯光下，长发耐心地辅导着短发做作业，长发说得很入神，短发听得很认真。

长大后，短发离开了长发，去了遥远的城市。长发每天都守在家门前，思念着短发，回忆着往日的欢笑，仿佛那些欢笑并没有随着时间而消逝。但是，此时的长发早已不乌黑光亮了，取而代之的是那一头苍白的思念。

深秋，长发仍然在等待短发，她的思念化成了一地的落叶，空气中弥漫了秋天的味道。短发回来看长发了，长发开心地笑了，嘴角回荡着甜蜜。

傍晚，短发为长发清洗头发，短发就像长发那时，轻轻地揉着长发的头发。只是如今，短发已经成了乌黑光亮的长发，而长发已经成了银白色。

岁月流逝，将黑发染成白发，但同时也让短发长得更黑、更长。

网

王　蕊

我迟迟未察觉，我早已深陷在亲情的网中。

"我是为你好！你不能……"已经记不清是第多少次，爸爸又以这种口吻苦口婆心地劝我。我心中满是怨怼，爸爸为什么总是以爱的名义来束缚我呢？他分明是编织一张亲情的网，网住我，给我套上爱的枷锁！

"我下定决心了，住校！"我斩钉截铁地做了决定，心中暗自窃喜，无比期待挣脱束缚后的自由生活……

艰难地咽下一口油腻而且咸得发苦的菜，我又想起家里的饭菜了。很普通的食材，经奶奶的手烹调，总有别样的滋味，香甜的红豆粥，清苦的绿豆百合汤，还有宫保鸡丁、红烧排骨，就连白米稀饭都有一种与众不同的清甜滋味。我的味蕾似乎对奶奶烹制出的独特的味道产生了记忆，变得无比挑剔，使我总也忘不了家中的饭菜。

走出食堂，沿着小路朝教室走去，走读的学生还没有到校，只有路旁的桃树与我为伴。枝头上初开的桃花在清晨的风中轻轻地摇晃着，嫩绿的叶子"沙沙"地响，像是红着脸的孩童摇晃着脑袋，咿咿呀呀地背着唐诗。我又陷进回忆里了。儿时，妈妈总爱抱着我坐在桃树下，让我伏在她的膝上，教我念"春风一夜吹乡梦，又逐春风到洛城"，粉红的桃花瓣牵着风的手在空中跳起舞，我仰着红苹果似的脸，咯咯地笑。

日益长大的我曾经无比渴望挣脱那张亲情的网，自以为是地想要逃离"爱的枷锁"，自以为挣脱之后，才发现亲情是我永远剪不开的羁绊。

家人用爱为我编织了一张亲情的网，我早已习惯了爱的环绕，以至于忘记了亲情对于自己的重要性。我是风筝，亲人执线，无论飞得多远，亲情总牵绊着我。爱与牵挂交织成纷繁的网，我深陷其中。

"丫头！"思绪被打断，我猛地抬起头，爸爸正站在校门口，微笑着看我——他来接我回家。

我忙朝爸爸跑去，心中涌起一种强烈的难言的感动。我愿永远沉醉在亲情的网中，做网篮中那个悠游自在的小孩儿。

这世界有我

朱　雪

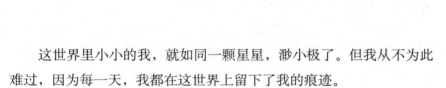

　　这世界里小小的我，就如同一颗星星，渺小极了。但我从不为此难过，因为每一天，我都在这世界上留下了我的痕迹。

　　傍晚的街心花园里热闹极了，老人的谈笑声，孩子的玩闹声，一阵阵在风中飘散开来，谱成一支欢乐的曲子。我一路顺着小道向前走，瞧见一个胖胖的小男孩正在学走路。他挥舞着两只胖乎乎的小手，一摇一摆地向前走，忽然一个趔趄，我忙伸出手扶他。小胖墩一下扑进我怀里，不远处的年轻母亲焦急地跑过来，对我露出感激的笑容："谢谢，真是多亏你了！"我有些不好意思地摆摆手，低下头，小胖墩仰起红苹果似的脸，咯咯地朝我笑，黑葡萄似的眼睛，在夕阳的余晖下，亮晶晶的。我也忍不住弯起了嘴角，心里美滋滋的，这个充满善意的世界，有我。

　　匆匆回到家，天色已经暗了。奶奶催促着我吃完晚饭，收拾了餐桌，在厨房里洗碗。我蹑手蹑脚地走进厨房，主动要求洗碗。奶奶有些意外，不过看我一本正经的样子，虽然迟疑了一下，还是点了点头同意，又不放心叮嘱道："小心一点儿，别打碎碗伤到手。"我一边从奶奶手里接过碗，一边笑嘻嘻地对她保证："我知道啦，不会的。"奶奶在一旁看我有模有样地洗起了碗，露出一个欣慰满足的笑容，嘴里念叨着"丫头懂事啦"，乐呵呵地去看电视了。我发觉，这世界里小小的我的一点努力，能为家人带来满满的幸福与快乐。

夜渐渐深了，我坐在窗前，抬头瞥见我收留的那位小客人——一盆被剪去叶子的天竺葵。在我的悉心照料下，它早已恢复了生机与活力。茂盛的叶子像是一把把张开的浅绿小蒲扇，悠闲地上下摆动着，顶上开出一簇簇红艳艳的小花，在轻柔的夜风中摇摆。我当初的一点善意，如今为这个世界多添了一抹生机与活力。

窗外，夜色正浓。漆黑的夜空中，有数不清的小小的星星正闪动着，为晚归的行人点亮一盏盏灯。

这世界里小小的我，就如同无边夜空中的一颗星，尽管渺小，但还要努力发光，为身边的人点一盏灯，用小小光亮，照亮他们的笑脸。

毕竟，这世界有我。

别有天地

卜 彤

每个人的生活中总有一个精彩的片段，我也不例外，即使别人有更精彩的事迹。

每个人都有好胜的心理。在六年级的时候，我在美术、音乐方面从不上心。可是不知怎么的，我在那次的小报上特别上心，因为老师提前一天说了一遍，所以我就做出了相应的准备。

这节课来到了，我把平时积累到的图画，把它们适当的画在某个地方，再用一些彩笔形象地描绘着，我十分注意彩笔有没有均匀地涂满在图画上，不让自己有丝毫的放松。终于，下课铃声响了，我们整齐地交卷了，我心里扑通扑通地跳着，不知会不会获奖。到了第二天，老师揭示了名单，其中有我！我的心里非常喜悦。这让我突然认识到，只要我认真做的事，我一定会成功。对我来说，这一认识真是为我打开了另一番天地。

后来，我和同学们讨论关于小报的问题，我也看了其他人的作品，画得都不错，突然这时我看到了一张小报，出得尤其特别、精致，我凑上去，是我们班有画画功底的一位同学。我仔细观赏了这个作品，做得的确真棒！这时，我又明白了一个道理："山外有山，人外有人。"看来什么时候都不能过于自得啊！

在生活中，原来总有另一个天地啊！

135

小小的我

何 以

八岁，勉强能让大人宽恕我的顽皮的年纪，但顽皮过了头，就会变成不讨喜。

乡下，总觉得天离自己很近，好像只要我那么轻轻一抓，就能抓到大把的云彩，放在嘴嚼个几遍，再痛痛快快地随意踩在地上，泥土也变得柔软棉弹起来。

这样的幻想在幼年的我心里其实很有趣，知道蝉虫好不容易地爬出来奋力地叫喊。太阳把云朵全都赶跑，使得我如何也不能不放过这天地之间乐趣，躲在屋子里，做着小小的坏事。

谁叫那恶毒的太阳，拉远了我的天，晒热了我的地。

于是我不小心少了挂在阳台上的新衣，毁了奶奶最珍爱的玉镯。我的顽皮边城了顽劣，可爱变成了不讨喜。

"胡说！明明是我扔得远！"一个男孩儿的声音从屋外传进来，我知道附近的小孩儿又来比谁扔的石头更远了。

那是种幼稚但又让我乐在其中的游戏，在地上挑出一个大小合适的石子，向远处抛去，像是在天地之间画上了一道完美的弧线，把他们连接起来，好让我抓抓那些云彩。

有一片草地在屋子背后，我挑了几颗好石子，独自去画那道"天线"。第一颗石子落下的时候，我就再也不想扔过去第二颗了。

136

为什么呢？无数的蝴蝶从无数的草中飞出，有多少根草，就有多少蝴蝶。"哗啦啦"，盖满整个蓝色的苍穹，美得让我无法动弹。

天地之间站着一个小小的我，无心再去抓那云彩，整个灵魂好像都跟着蝴蝶飞走了，飞远了，什么都听不到，也看不到。那是另一番天地。

听到花开的声音

风从半掩的窗口探进来，掀起窗帘的一角，我看见了那株不知名的花草。我惊诧极了，它新长出的叶子间藏着一个半开的花骨朵，在风雨中仰着微红的脸倔强地笑着。"叭！"我竟然好像听见了花瓣绽开的声音！它得经历了多少个暴风雨的夜晚才能在这样的苦难中扬起头啊！

听到花开的声音

黄　迪

我是一只琴。

风呼呼地吹着，树叶子哗啦啦作响，我睁开惺忪的眼，朝窗口看去，吸引我目光的，却是那株不知名的花草。

它正缩着身子，在风中瑟瑟发抖，如同一个佝偻着腰的老头，仅存的几片叶子泛着黄色。真是可怜！我不禁为它感到难过极了。我听小主人说，每一棵草都有一个开花的梦，可它这样的瘦弱，恐怕不会有机会开花了吧？

正想着，一双冰冷的小手颤抖着放在我身上。"嘣——"我的身体剧烈地颤抖着，发出嗡嗡的响声。那双手"啪"地向下按住，她的身子有些颤抖，又似乎有压抑着的隐隐的啜泣声在我耳边响起。只不过一会儿，那哭声便停了，那双小手又上下翻飞起来。我心中默默叹了口气：小主人还没放弃啊，看来这又是一个不眠之夜。我已经不知道陪着小主人度过了多少个不眠的夜晚了。

小主人累极了，趴在桌上，沉沉睡着。窗外下着雨，啪嗒啪嗒打在窗玻璃上，我忽然有些担心那株不知名的花草——它总是在风雨中害怕地簌簌作响。

风从半掩的窗口探进来，掀起窗帘的一角，我看见了那株不知名

的花草。我惊诧极了，它新长出的叶子间藏着一个半开的花骨朵，在风雨中仰着微红的脸倔强地笑着。"叭！"我竟然好像听见了花瓣绽开的声音！它得经历了多少个暴风雨的夜晚才能在这样的苦难中扬起头啊！

小主人醒了！她直了直身子，将小小的手放在我身上，"啪嗒啪嗒"，假指甲轻轻地敲击着。我随着这节拍轻轻摇摆着身子。终于，琴音从她指尖飞落，串成一支轻快的曲子。

你听到了吗？这是花开的声音。

成长，离不开挫折的磨炼

蒋欣悦

时光如流水一般匆匆溜走，转眼，六年的小学生活即将宣告结束，说长不长，说短不短的六年里，我们由一个充满稚气的儿童成长为一个阳光少年。回顾过往，成长离不开自己的不懈努力，离不开长辈们的关心和鼓励，离不开同伴的合作帮助，更离不开的是挫折的磨炼。

记得那时候我上五年级，刚刚迈入高年级段，数学一直是我的"软肋"，我最怕考数学，一考就手抖腿抖，全身紧张，看到难题就立马蔫了，完全被数字这个"大恶魔"吓得魂都没了，果不其然，五年级上学期的第一次单元考，就以失败而告终——八十分，我一下子慌了神，来回翻看卷子，发现不少题目的审题思路都是错误的，有些甚至还不知道自己错在了哪儿，我一下子觉得天都塌了，经过老师讲评之后，我赶紧抄题订正。

有了那次的教训，我算是数学上了心，完成家庭作业之后就做课外习题，上课也恨不得把耳朵竖起来听。天真的我以为这样努力，我的数学成绩就能有所提高，可是事与愿违，令我惊掉下巴的是，我的数学测验成绩考得一次比一次差，甚至还考出了我小学生涯中的最低分——六十三分，我的心情跌入了谷底。老师找了我谈话，家长也和我谈心，我回家大哭了一场。但是痛哭过后，也还是要找原因的呀！我想了整整一下午，是我太笨了吗？不是，是老师教得不好吗？不是，是题目做得不够多吗？也不是。是我缺少自信心与直面困难的勇气，我一看到难题，还没有细细审题就暗示自己不会做，退缩，总认为自己想不出解题方法，这样的心理怎么可能取得好成绩呢！

找到了原因，就成功了一半，我重新鼓足信心，在测验中，看到难题，就迎难而上，积极思考，一种方法不行就换另一种方法，逐渐树立了一种不解开题誓不罢休的劲头，在平时课堂上，也积极和老师互动，勇于提出自己的疑惑，决不让听不懂不理解的题目过夜，一个个把它们当作敌人，用智慧一个个击败它们。功夫不负有心人，我送走了数学的严冬，迎来了暖春，考出了本学期第一个高分九十四分，我高兴极了，用自己的勤学和汗水换来了对数学自信心.

后面的考试，我一次考得比一次好，甚至还考出了全班第一名的好成绩，我想，数学这个"大恶魔"终于被我给打败了！

成长，是一个很抽象的词语，但肯定的是，成长的你一定是多了生活的历练，一定有了直面困难的勇气。可以说，每一次挫折的磨炼促成了我们的成长！

让心灵花开

史文卓

我拖着一副疲惫的身体回到家，却有丝丝清香扑面而来。

桌上，热腾腾的饭菜正欢迎我的到来。父母微笑着送上关切的问候。我无言，挪到桌旁，轻轻坐下，举起筷子，却重又无奈地放下。父母担忧地注视着这一切，话到嘴边又咽了下去，想安慰我几句，可是无能为力。

看着父母脸上深深的沟壑与满眼的忧虑，我感到一阵酸楚。冲进房间，泪水模糊了双眼，为自己的坎坷，为父母的关怀，更为自己从未发觉的父母的老去。

猛然间，进门便闻到的幽香再次充斥了你的鼻腔。我一下子坐起身，四处环顾。窗外，枯死的茶花在风中微微战栗。而花盆中那株"杂草"，多日未觉察，竟在经历几次狂风暴雨后，茁壮成长，并开出了极其美丽的花儿，在月光下，散发着阵阵暗香！我愣在那里，幡然悔悟，不由又热泪盈眶。

开花，便是证明自己的存在！"野草"挺过了大风大雨，也能开出花儿，香气四溢。那么自己呢？战胜道道荆棘后，也会实现梦想吗？既然柔弱的花儿能渡过难关，自己又有何理由屈服于挫折！在心灵开放一朵花儿，用花的精神面对坎坷，再艰难的境地，也会有属于自己的海阔天空！

让心灵花开，刀山火海也抵挡不住心海奔流。花儿开遍心田，心灵必将芬芳四散。没有什么风暴能难住花儿的精神，更何况是一颗开满花儿的心灵！

其实，我很幸福

杨 天

窗外的天空阴沉沉的，灰暗的透不出一丝光彩，雨哗啦啦地下着，街道上，挤满了举着伞匆匆忙忙的行人。我扒拉着碗里的饭，借着暖黄色的灯光细细打量着爸爸，看着他衬衫上密密的暗点儿，微微有些出神。

水顺着屋檐滚落，啪嗒啪嗒滴在地上，我忙又向后退了几步，焦急地跺了跺脚。爸爸怎么还不来？

啪嗒啪嗒，一位母亲踩着水花，匆匆奔来。她一把将我身边的女孩儿搂在怀里，抚了抚女孩儿湿漉漉的头发，眉头微微皱起，目光中尽是心疼。看着她们相携远去的幸福背影，我心中有说不出的羡慕。在我看来，那种亲密与温情，是让我仰望的幸福。

天色渐渐暗了，我在屋檐下来回踱步，忽然，一片阴影落在我身上，抬头，看见了父亲那张不苟言笑的脸。他眉头拧成一个"川"字，微抿着嘴，将我拉到伞下，带着我，匆匆奔上了车。

下了车，头顶已是一片漆黑的夜空，我心中仍是积满了对爸爸的怨怼。哗啦啦！我回头，只见一个和我一般大的女孩儿正抖着手里的伞，她的头发湿漉漉地贴着额头，裤脚都被雨打湿了——她是爸爸同事的女儿。她也瞧见了我，看着丝毫未沾到雨水的我，她笑了笑："叔叔赶去接你啦？今天单位开会，我妈都没空管我。"她眼里，有一种说不说出的羡慕，就像是我看到那对母女一样，露出一种对幸福的渴慕。

我忽然明白了爸爸迟来的原因，心中像是被什么堵住了，鼻尖酸涩，开始为自己的不体谅而愧疚起来。

尽管爸爸不善言辞，不苟言笑，但他却时时记挂着我，默默地呵护着我。我又何尝不是个幸福的人呢？

其实，我很幸福。

冬日春雨

李璟轩

记忆中，总会有些令人挥之不去的往事，一场突如其来却又命中注定的"冬日春雨"，至今，仍然浸润着、甘甜着我的心。

那是一个寒假里普通的清晨，阳光照射万物，遂又遭层层乌云所掩，显得有些朦胧，有些无力和低沉。好不容易透进几缕光亮，却又被灰蒙蒙的天空下不断席卷的寒风吞噬殆尽。

我独自走往菜场，买了两个肉包作早餐，便向家走回。

"给我点吃的吧，求求你们了……"忽然，前方的人群传来一阵低沉沙哑的声音。我不禁走上前去，奋力挤入人群，眼前是一位正在乞讨的老人——一只满是灰尘的破绒帽耷拉在憔悴不堪的脑袋上，身着一件满是补丁却仍破了好几个洞的大衣，任凭凛冽的寒风无情涌入，一条褪色的旧裤子中伸出一只被冻满疮的枯黄的左脚，更令人触目惊心得是一旁那空空的右裤腿——他需要帮助。

"小伙子，帮帮我吧……"那近乎呻吟的声音又一次传来，老人向我转过身来，我这才注意到那张布满皱纹的脸庞上还留着几道掌痕与血印，"给我点吃的……吧……"我望了望手中的包子，又望了望眼前这位蓬头垢面、衣衫褴褛的老人，便不假思索地将其中一个递了出去。

或许，我递出去的不仅仅是一个包子吧……

"谢……谢谢你，真的谢谢你！谢谢……"老人竟"扑通"一声跪了下来，用那仅剩的左腿支撑着自己，向我磕起了头。"咚，咚，咚……"一声又一声，叩击着冰冷的水泥地，更不断敲击着我的心。动作显得那么艰难，却又那么有力。我早已不记得他当时磕了多少个头，抑或是说了多少个饱含深情的"谢"字，只是恍然之间，我看见了他那苍白沧桑的脸上映出的一道眼神，充盈着光芒，浸润着希冀，比春日稚嫩的新叶还要再嫩亮几分，比夏日高挂的艳阳还要再刺眼几分，比秋日飘飞的落叶还要再金黄几分……也赋予了我希冀与光芒，一种说不出的自豪、欣慰与快乐，如同刺骨冬日之中的春雨，浸润着我，甘甜着我。

回家路上，我不禁觉得手中的另一个包子变得更加味美了……

阳光照了进来，照亮了我脸上满足的笑容，照亮了回家路上我轻盈的脚步，照亮了这场冬日的春雨。

春暖花开

周奕天

　　"失败了！"刚参加完比赛的我脑中只萦绕着这三个字。但妈妈却什么也未说，仍微笑着接我去郊外的那座小山，延续那原有的庆祝胜利的计划。

　　一下车，我猛然觉得眼前原有的阴暗被一丝微亮的色彩劈出了一道裂纹，那样的渺小，却又那样夺目。继续向前漫步着，两三棵玉兰树忽地窜入我的眼帘，我本无心去观赏，却硬被妈妈"拽"了去，仔细看它的第一眼，眼底便仿佛被映入了一大片似雪般圣洁的白，不由得让我想起《玉兰》中的名句："绰约新妆玉有辉，素娥千队雪成围。"那样的圣白无瑕，那样的清冷孤傲。只见她们朝着无际的苍穹绽出了她那最纯洁的笑脸，圣洁中透出一种冷艳与独立。我的心仿佛被什么抚过，只觉那花香竟一缕缕深入心扉，便不由平添了几分赏花的兴致。

　　一路继续走着，妈妈忽地停住了脚步，拉我在一大片低矮的花林中坐下，继而用柔和却又不失威严的声音对我说："知道你输了比赛很伤心，心中难免会失望，但知道自己输在哪里就可以了。现在既然出来玩了就别总把失败挂在心上。"妈妈说着，但我却不知为何不敢对着她的眼睛，就只得向上望着，视线却被头顶上那一朵"含羞"

的花深深吸引，她的花瓣正在轻颤着，似那即将展翅的蝴蝶轻盈的翅膀，以极为缓慢的速度向外伸展着，里面的花蕊也逐渐清晰着。是的，她正在开放呢！那是一次最为美丽的绽放，也深刻在了我的心中。一会儿，便引来了一只蝴蝶为之停留。

看到这儿，我仿佛感到我的心中也有什么在破土而出，然后一点点成长、一点点绽放。她散发出来的香像一股暖流涌遍了全身，我忽然明白了，那花叫作——希望之花。是啊！在这春暖的时节中，也正是花开的时节，一切都充满了希望，没什么可以令人灰心丧气的。此时我的心中暗暗下了一个决定：我要再报名试一次，这次一定行！相信我的世界也将会春暖花开！

这样也挺好

董静雯

这个暑假，我迷恋上了看书，当真是应了那句"情不知所起，而一往情深！"

一到下午时分，我便会准时沏一杯茶，捧一本书，坐在窗前。不用多做些什么，只是简简单单地喝茶、看书、沐浴阳光。这样的午后，对我而言，莫过于最好的享受了。

坐于窗前，我感受着秋日绚烂阳光的温暖，感受着秋日徐徐微风的亲近。这样也挺好，不是吗？我自问道。我低着头，用两指轻夹起一张书页，看着阳光透过指缝在书页上投下一片片斑驳的光晕，嗅着萦绕在鼻尖的绿茶的清香，听着一窗之隔的街道上，车轮轧碾路面的咕噜声，我感到非常满足。

窗外，阳光映照在墙壁上，令人感到温暖。窗内，我手捧的书上正叙述着一个又一个我不曾有过的生活，或喜或悲，但于我而言，它同样令人感到温暖。

这样被阳光包裹，这样被茶香包围，这样被生活的气息感染，这样真的也挺好！

书中的人，境遇各不相同。然而却无不让我体味到了生活的丰富，生命的精彩。带着心去看书，我仿佛透过手上书，感受到了许多或许我这一辈子都不会有的体会。这样，对于平凡而普通生活着的我而言，最好不过了。

夕阳渐渐西下，昏暗的余晖穿过窗户，折射在书页之上，更为书增添了一分朦胧。我依旧捧书而读，似在找寻"恨不知所终而纠结流离"的情怀！

一杯茶，一本书，一个人，如此简单，如此寻常，却也是如此的快乐美好！

享受过程

张 萍

周末，美术老师约我们外出写生。想到可以走出这个高楼林立的世界，我的内心不禁欢欣雀跃起来。

哗哗，沙沙，混合着不同的声音。用劲吸一口空气，夹杂着野花和树木的香气，溢满了我的身心。我们已经来到了郊外。我拉着好朋友，到处寻找写生点。兴冲冲的我们终于在一处河边停下，支好画架，摆好画笔。我要用我的笔，代替相机的镜头，画出这景。望向远处，夕阳下，波光粼粼的湖面，仿佛有千条金带飘动，那迷人的金色，让我移不开视线。微眯双眼，一种无法言喻的感觉油然而生，却不知如何表达，只好加快挥动手中的笔。时间如溪水般流逝，不带一丝不舍。转眼，一下午的时间全在了画纸上。对比眼前的景，好似总觉得缺点什么。突然一只水鸟飞过，我恍然明白了！哦！是自然！是灵动！夕阳缓缓下沉，留下让人无限想象的空间……

事后，拿出画稿端详，虽称不上上品，跟别人相比也还有差距。但只有我知道，我已经收获满满，因为我享受了这一美妙的过程。虽结果不尽人意，可是我并不在意，因为这已经让我在这忙碌的世界得以放松，放下学习，放下一切，享受到了只属于自己的过程。

"你在笑什么啊？"

"嗯……我在享受。"

"享受什么？"

"属于我自己的过程"。

享受过程

丁晓琪

　　我们赞叹鲜花的美丽，却未想过它风雨中的艰辛；我们赞叹名人的伟大，却未体会过他努力中的困苦；我们总憧憬自己美好的未来，却承受不了过程中的困难。其实，享受克服困难的过程，我们反而会更成功。

　　小时候我尽喜欢干些"三天打鱼，两天晒网"的事。幼儿园学芭蕾嫌苦，小学学绘画嫌烦。所以每一个都是一个月就放弃了。

　　现在终于有了一件我不得不做的事——学习。也只有这件事我坚持的时间最长。

　　说到原因，其实是我挺享受学习的过程的。我享受随着老师在课堂知识中遨游，我享受老师把困难的知识解释得幽默通俗，他们会让我忍俊不禁，让我对学习有更深的理解和兴趣。语文老师带我们进入古代诗人的风雅生活，历史老师领我们穿越历史进程……课堂的快乐让我更享受多彩的学习进程，学习虽然苦，但是苦中也有乐。

　　我也享受同学间相互促进的过程。这也让我们的友谊更加深刻，进步更加清晰。当别人有不会的题目的时候，一同探讨，互相交流，共同进步。我记得，一次数学题很难，几个同学探讨了半个小时才得出答案。过程中，他们相互出点子，积极地演算公式，他们共同进步

听到花开的声音

着。思考和合作让我更享受学习的过程。

我更享受进步时离梦想越来越近的喜悦。一步步地离心中的那个自己更近。梦想的旅途注定艰苦，可我却享受这种艰苦，享受那种克服困难的喜悦。享受过程，才能享受成功。

一个人的战斗

谢　天

学古筝的第四年，我正为即将到来的考级而准备着。突然传来老师要出差的消息，如同晴天里的一道霹雳，让我不知所措，完全不知道应该如何面对即将到来的一个人的战斗。

是因为没有老师的陪伴而丧失了信心吗？

我坐在窗前，夜的黑将我拥在怀里。四周静极了，连鸟儿都不再歌唱，只能听见秒针奔跑的脚步声，"嘀嗒，嘀嗒"，催促着我，提醒着我，挑战即将来临，我得一个人战斗。

我的指尖刚一触到琴弦，便不住地颤了颤，假指甲碰撞着冰冷的琴弦，发出"啪嗒"的声响，我的心里咯噔一下，伸出的手又收了回来。

我要认输么？难道一个人的战斗还没开始，我就要打退堂鼓么？不行，我绝不能放弃！

望着窗玻璃上映出的我的身影，深吸一口气，伸出双手抚上琴弦，断续的音符从指尖跳出来，奏响深夜唯一的旋律，一遍又一遍……

　　独自一人踏进考场，我心中满是不安，像是压着一座大山。我努力的平复心绪，双手触碰到那琴弦，脑海中又浮现每晚我独自练琴的身影。深呼吸，终于我的手指开始在琴弦上跳跃，熟悉的节奏，熟练的指法，让我倍感安心。音符舞动着，我的心也随着舞动……

　　一曲终了，我深深地鞠躬。考官们纷纷对我露出赞许的微笑。我知道，这场一个人的战斗我胜利了。

　　或许，成长本就是一个人的战斗。抛下怯懦，告别依赖，以自信与勇气面对挑战，才能真正成长。即使有挫折，有困难，会焦虑，会不安，但那些汗水与泪水都会刻入我们成长的记忆，成为永恒的财富。

　　我成长了。

　　这场一个人的战斗，我胜利了。

致过去的自己的一封信

李家旺

亲爱的你：

　　好久不见！知道吗？现在的你变了很多。小时候的事情也逐渐淡忘了，我所知道的你，是在接受打击后成长的你。

　　以前的你真是井底之蛙，也碌碌无为，只能满足于老式的游戏机。现在的我对终端科技也无法满足，因为现在的世界变幻莫测。以前的你不知道追求，只满足于现状，对我来说以前的你真是幼稚。不过，我也羡慕你，因为现在的我虽然有追求，但是为此，我也不得不付出代价：只能在忙碌中拼命地挤出时间，寻找短暂的休息。

过去的你爱闹事，打上了这位，打趴了那位。为此，你的父母付出了沉重的医药费。不过也多亏了你的这些经历警醒了我，现在的我向往和谐，没再因此付出代价。

以前的你和现在的我相差好大，但正是因为有过这样的你，才会有现在的我。在你的满足之后，我又发现了我新的追求，这就是我之后的动力，无穷无尽。

我曾失败过，也在愤怒与恐惧中走了一段很暗的路。不过这也是经历，由过去的你走过，在这条路的转折点，你变成了现在的我。这就是成长。

祝你足够坚强！一切安好！

现在的你

2017.1.1

青　春

焦雪怡

如果说人生是五彩缤纷的，那么青春必是其中最绚丽的一抹；如果说人生是动静交融的，那么青春必是其中最活力四射的一份。对于青春，每个人都有自己的看法和见解。在我的眼里，青春是温暖而又美好的。

青春给予我们的是力量，是坚持。因为有它，我们遇到困难时才不会畏惧；因为有它，我们才发现了生命的真谛；因为有它，我们才学会了安稳，学会了冷静，学会了坚忍。

看过这样一段话：如果有不幸，你要自己承担。自己不坚强也要打得坚强。还没有衣不蔽体、食不果腹、举目无亲，我们就没有资格难过，我们还能把快乐写得源远流长。

人生并不可能一帆风顺，而在我们面对困难的时候，那些坚持下去的力量是从哪里来的呢？没错，我们之所以可以不畏惧，就是因为在经历了青春这段时光之后，我们会明白生活不是想怎样就能怎样的，它所教会我们的是如何在困难面前不低头。这就是青春的意义！

时光不老，我们不散

153

李　璐

我一如既往静静地坐在窗台上，十二月的风迎面扑来，寒冷刺骨。

"同学们，离毕业只有近100天了，在这剩下来的日子里，每个同学都应该全力以赴！"这是我们六年级的第一个学生会，老师说，一共只有三次，而最后一次则是毕业典礼。

还记得初入小学时，我望着陌生的教室，一切都是那么陌生。可是，没想到在这里，我与你们一起收获了感动、快乐、成功与欢笑。

真的没想到，我遇上了最好的你们，拥有了最棒的同学们。

还记得一起开小差、吃零食的我们吗？还记得体育课上为一项体质测试而大汗淋漓的我们吗？还记得运动会上由于我们的努力，咱班赢得好名次的我们吗？

那些总是打着、笑着的日子，现在却俨然成了沉默苦涩的回忆。我们总以为时间还很长，却没料到它从我们的眼角悄无声息地流过。

我想，当我们长大后回忆起我们打打闹闹为鸡毛蒜皮的小事拌嘴的时候，叫嚷这老师多么不近人情的时候，吐槽学校饭菜有多难吃的时候，却连看一眼学校都成了奢望。

趁着还有这一百多天的时间，请珍惜彼此，为小学生涯缀上一颗完美的句号吧！

明年夏天，我们将分离，从朝夕相处到分道扬镳。不过，请相信，时光不老，我们不散！

154

站在青春的门槛上

沈 婕

我站在这里，站在青春的门槛上……

身后一片光亮。我转过身，在那光亮深处总似有着吸引我的莫名的东西，我不禁向着光亮深处凝望……

"快投篮！""进了！"他们互相击掌庆祝。"哎！老班！老班来了！"刚刚还沉浸在进球的喜悦中的几个人，顿时跑得无影无踪。

球场上，只剩下篮球在那里跳动。

"收作业了！""班长，你烦不烦啊！还没写完呢！""对啊，你等会。"班级里炸开了锅，每天清晨的补作业大战又在上演。

"你看着我们傻笑什么？"一个同学走上前来，拍拍我的肩。眼前的画面瞬间消失了，那一片光亮突然变小，我开始离那片光亮越来越远，直到它消失不见。

我回头看看他，他笑着说："拍照了，就差你了，快点儿吧！"我整理了一下这穿了六年的校服，走到队伍里。

"来，都笑一笑！"摄像师笑着说。"咔嚓！"眼前一片光亮。

不可以忘记，陪我拍毕业照的这群人；不可以忘记，陪我追梦的这群人；不可以忘记，陪我度过人生最美好的六年时光的这群人……

我站在这里。站在迈入青春的门槛上，看着他们逝去在我的记忆深处。

古樟年华

毛家敏

我们相识在古樟飘香的九月。

校道上，我们缓步走来；课室里，我们一起学习；操场上，我们一起放歌；古樟下，我们幻想着未来……

那棵古樟下，有你稚嫩的面容。还记得我们的初相遇，那一回，我遗失了一本书，很着急，甚至急出了眼泪，又气又急之下，把气都撒在同学身上。这时，你来了，站在我们班门口腼腆地问："××在吗？她掉了本《年华》。"那样温柔的声音，瞬间浇熄我所有的怒火。为了感谢你，我留下你的名字。那一刻，我们相视而笑，因为你的善良，我的感恩。

六年级了，我们的负担越来越重，为了升入优秀的中学，我们毫不犹豫踏上奋斗的征程。青春的年华开始一条崭新的路，满洒牺牲的"血雨"，提醒着我们这场战争将会有多么惨烈。但我们义无反顾，不能后退，前进是唯一的选择，只有弱者才当逃兵。

悲欢聚散一杯酒，南北东西万里程。

古樟下，飘扬的落叶在空中飞扬，绽放的花儿奏响希望的协奏曲。我们即将挥别在烈日吐焰的时节，独自奔波在不同的地点。从此以后，经年一别，万里相思……

156

致我最难忘的老师与同学们

李景轩

致我最难忘的老师与同学们：
忘不了的是
同桌一次次亲切的问候
忘不了的是
老师一份份贴心的温柔
何时才能再把那缕童真拥有

怎样才能再把那份快乐拼凑

在那栋熟悉的教学楼

在那次不舍的放学后

我们是否还能忆起老师的眼眸，

还有那一个自信的回头

如今

早已不敢再将六年的美好时光回首

纵然

我们还是朋友

成长的滋味如一杯淡酒

尝不到甜头，只留六年的醇厚

也许我永远无法将这短短六年忘透

无法解开这份复杂的离愁

但在金中实小六五班

仍会有一曲史诗长留，演奏

书写着一个班的传奇，不朽

我的年度汉字

邹宇桐

说到我的年度汉字，唉，这一年实在发生了太多的事，酸甜苦辣，样样都有，但是我发现自己倒是对"谢"字颇有感触。谢，顾名思义就是感谢嘛!

　　首先我要说的是我和杨和纾之间的故事。这学期,张老师选我当了数学组长。平时组长也是很忙的,多的时候要一次性收三四样作业。有一次,老师把《实验班》发下来讲解,让我们订正。那次,我错了不少,因此老师让我收作业时我有些措手不及,不知是自己先订正还是先收作业。这时,我的桌子上已经堆起了小山似的作业本,我心里十分着急,心想:咋办?我到底收不收?正当我苦恼的时候,杨和纾走过来,看到我桌上那堆成小山似的作业本,亲切地对我说:"你还没订正好吧?别着急,我来帮你收作业。"我头也没抬回了句:"好的,谢谢。"心里立即放心了。下课时,我去找杨和纾表示感谢,杨和纾只是笑着说:"没关系,我知道数学组长有时候收的作业多,同学之间要互相帮助嘛!"此后,只要我收的本子多了,杨和纾都会来帮我。在此,我真心对她说一句:"真的谢谢你!"

　　再者则是我和同桌浦峻源之间的故事。前段时间,浦峻源右脚大拇指骨折了,他回到学校后,我一直帮他做一些小事。有一天,我语文大练习册没写好,到了吃饭的时间没去拿饭。在我不注意的时候浦峻源走去帮我拿了饭。我很感动,他的脚并不方便,却还想着帮助我,我去感谢他的时候,可他却说一件小事而已……

　　正是这些细小的事情,都包含着同学们互帮互助的美好友情;正是这些点点滴滴,才凝聚成我们小学时光最珍贵的回忆。

　　这就是我的年度汉字"谢",你呢?

真的谢谢你

薛煜菲

小时候的我是一个较为坚强的女孩，但有一次被坏人吓到后，变得爱哭了。

上了小学，我仍有心理阴影。遇到委屈、难过的事，会一个人躲在角落，偷偷地哭。直到颖儿的出现，才彻底改变了我。

那是二年级的时候，颖儿刚转来。我的"习惯"并没有受到这个活泼的新同学的影响。直到她撞破了我的"小秘密"。当时，她没有嘲笑我，反而安慰我，轻轻拍拍我的头，递给我一张纸让我擦擦眼泪。后来，每次我遇事哭泣的时候，她都会找来并在一旁陪伴我，安慰我。我开始不由自主地依赖她了。

可是，那天我又一个人躲在角落偷偷哭的时候，她却没来找我。我心里有些失落，又没有别人陪，我就不想哭了。擦擦那"愚蠢"的眼泪，拍拍手，又做自己的事去了。后来才发现，原来那次不是她没去找我，而是她找不到我。她说："你啥时候想哭，看我一眼，我和你一起去。"我奇怪："为什么？""我安心不下你这个小笨蛋一个人跑出去。"我吐吐舌头："才不会呢！"就跑开了，她也无奈地摇摇头。那时候，我心里暖洋洋的。

后来，我们成了好朋友，好知己。我也渐渐不哭了，因为我学

听到花开的声音

会了其他的表达方式：说和写。想说时就说给颖儿听，想写的时候，就写下来再给他看。慢慢地，我不再是爱哭鬼，我也变得活泼，积极了。

直到她后来随家人去外地读书时，我才道了那句迟来的感谢："真的谢谢你！"我拥抱她，向着她微笑，心里清楚，没有她，我也许还是那个"爱哭鬼"呢！颖儿，真的谢谢你！

最好的我们

陈 梦

当我们拉着爸爸妈妈的手
踏进校园的第一步时
那便是开始

开始的开始
我们面容上还透着稚嫩
我们眼睛里还充满着懵懂
我们还很青涩
我们才刚刚相识

可当我们有一天即将握紧手中的毕业照
背对着校园时

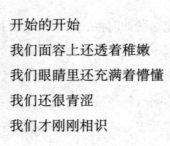

那便是最后

最后的最后
我们做事会变得沉稳
我们的眼睛里会只剩下了成熟
我们长大了
我们就要离别了

我们曾在那个夏天
握手说你好
也将在一个夏天
挥手说再见

往事随风飘 随风走
带不走的
是那最好的我们

心中那座桥

刘乃卿

　　古时的传说中，许仙与白娘子在雨中桥上相会，拉开了一段为世人所传颂的爱情赞歌。幼时的我，虽不懂那美丽而又凄惨的故事，却在脑海中留下依稀的印象。桥，一定意味着美好。

这天下午，阳光轻柔地向大地洒下光辉，秦淮河泛着淡淡的金波。我和好朋友漫步在河岸，阳光包围着我们，不同的两个影子在草地上错落出好看的样子。耳边一片静谧，轻轻地回荡着鸟儿鸣叫的声音。这一路走来，我们一句话也没有讲。我们低着头，慢慢地往前走。昨天的一幕幕仿佛就在眼前……

"你为什么跟别人说那些事？""……"面对朋友的质问，我无言以对。"我都说了不要讲！我以后什么也不想对你说！"朋友一句又一句生硬的话语如同石子抨击在我的心上。

一声鸟鸣将我从回忆拉回到现实。耳边依旧回荡着一声声抱怨与责怪，脑海是一片空白。我们走到了秦淮河上一座不知名的石桥。我站在这头，她立在那边。两人之间隔着几米的距离，却犹如有着几个世纪的鸿沟。我仿佛把自己关在了一个密闭的空间里，外面的人进不来，而我却怎么也走不出去。望着脚下的石桥，流水从桥洞下缓缓流过。一座普普通通的桥，却沟通了两岸，解决了许多不便。我突然有了某种想法。我慢慢地走近朋友，轻轻地拉起她的手，歉意地说"对不起！"她抬起头，扬起了一个灿烂的微笑，我也跟着笑了。我们的心中仿佛架起了一座桥梁，桥下的流水缓缓地带走了心中的不快与忧愁。这座桥是友谊的桥，更是一座爱的桥。它的根基就是那早已深种在心底的友谊的种子。

桥，一定意味着美好。

有你相伴

王念一

我家的老院子里，有棵桃树，陪伴了我许多年。

傍晚，下着淅淅沥沥的雨。我趴在窗口，脑海又浮现老师失望的眼神，心里也下了雨。无意间瞥见那棵桃树在雨中，轻轻摇晃着枝叶……

好些年前的春天的一个早晨，奶奶打扫院子，无意间发现角落里拱出一抹嫩绿。它伸着小小的脑袋，在和煦的微风里摇摆。那一点娇嫩的绿，让沉寂了一冬的角落有了生机，鲜活起来。我惊奇地问："这是什么呀？"奶奶告诉我它是一棵桃树苗。说是不知是谁吃的桃核掉在了这里，便生了根，发了芽。

从那天起，它就成了我的伙伴。

我坐在院子里咿咿呀呀地背唐诗，它也在春风中摇着脑袋，小小的叶子发出沙沙的声响，似乎是在跟我一起念。稚气的我，奋力地吮吸着知识的雨露；稚嫩的它，则铆足了劲儿，汲取阳光水分，一个劲儿地长。

夏天，我总将小木桌搬到桃树旁，它便静静陪着我。小桃树枝繁叶茂，像是一把小绿伞，为我遮挡阳光。穿过层层叠叠的枝叶的阳光，在我的书页上映下星星点点的光斑，很是好看。

163

听到花开的声音

最盼望的是秋天，桃树结果了，整个院子都浸润在果香里。咬一口新摘下来的桃子，清甜的果汁在唇齿间流淌，凉丝丝的。我满足地闭上眼，心里也甜滋滋的。我的整个秋天，都有这甜甜的香气相伴……

"噼啪噼啪"，冰冷的雨敲打在玻璃窗上，将我从回忆中拉回现实。雨下得更大了，我为院子里的桃树担心起来。这样大的风雨，它能扛过去吗？

再转身向窗外看去，我惊讶极了。只见桃树在风雨中不住摇摆，可它那高高的一枝上，竟然还有一个花骨朵！

雨渐渐停了，我跑进院子，细细地观察桃树。只看见那唯一的花骨朵，被春雨洗得更红更艳了！原来经历了风雨，才能迎来更好的盛开。

有你相伴，我心中的阴雨渐渐散去了。

初　雪

孟嘉雯

我背着书包，走在每天都会经过的求学之路上，身后跟着一连串的脚印，路面上雪白的晶体幻作一层薄纱笼罩着大地……

2016年的第一场雪来得比往年都要早一些。也许是因为初雪的缘故，我到校的时间比平常更早。教室里三三两两的人聚在窗户前，兴奋地打量着这雪白的世界，时不时得伸出手来试图抓住它。温柔的冬风从细小的窗户里钻进教室，地上的纸屑又被吹散到四面八方。这下，我找了个轻松活干——倒垃圾。我独自一人拖着垃圾桶，走出了教学楼。

走在雪中，洁白的雪花缓缓从空中掉落。我不由得伸出手掌，随即便在掌心停落了一片雪花。或许是手心的温度不高，她并没有立即融化。我拿得更近，以便我更好地观察这大自然的杰作——小小的雪花。

大地上的水经过太阳的照射，蒸发形成了无形的水蒸气，这些气体遇到冷空气经过凝华就形成了雪。而由雪再融化成水，便是一朵雪花回归本真的使命。

手中的雪花悄悄融化了，化做一滴纯净的水。这时，她的使命，或说她的梦想也就实现了。然而，在此过程中，从始至终不变的就是她的本质。虽外界的因素以及环境都在变化，可依然不变的就是本心，就是她梦想开始的初衷。

同样，在成长道路上，我们会经历许多。外界的变化让我们不得不改变自己的言行举止。有些人会迷茫，会彷徨……殊不知，我们还可以保持的就是追梦的初衷。

你是我的一本书

刘淑文

那是几年前的一天，大雨滂沱，呼啸而过的风卷杂着雨滴敲打在窗前，看着窗外灰沉沉的天空，我的心情也似那黑黑的天空。

想着那片绿油油的草坪，随时都会被这狂风刮折了腰，心情更不好了。

雨停了，我赶紧下了楼，楼下一片惨状：原本郁郁葱葱的树木此时基本上都成了光杆司令，路上随处可见小枝丫和满地的叶子。看到这，我的心沉了下去。连这些高大的树木都被祸及，何况小草呢？

可是，当我走到草坪前，我却被眼前的一切给震惊到了。这哪里像被暴风雨蹂躏过的景象？青葱的小草仿佛刚舒展开来，个个挺直了腰杆，还轻轻地摇摆，一片绿油油的。

后来，我才知道，风刮过，会吹弯她的腰，但大风过去，她还是会直挺挺地再次站立；雨打过，会打低她的头，但大雨过去，她还是会高高地昂起头……

这就是小草，这才是小草。柔弱之中包裹着坚强。

小草啊，你是我的一本书，你教会了我许多许多……

每当我遇到困难之时，我便会想起那片小草，他们是如此娇弱，却又如此顽强！面对风雨的挑战，他们没有正面迎击，他们只是稍稍弯下身子，以抵挡考验。

在人生的道路上，我们一定会遭遇到困难与挫折，只要让坚强走进我们的心灵，我们将会战无不胜，没有什么困难可以打败我们的。这就是小草这本书教给我的。